子供の思考を
アクティブにする

社会科の授業展開

小学校

澤井陽介
文部科学省教科調査官
【編著】

東洋館出版社

はじめに

　次の学習指導要領に向けた検討過程で登場したアクティブ・ラーニングというキーワードが学校の教育現場でも広がりを見せています。このアクティブ・ラーニングのとらえ方は、一歩間違えると、方法だけの話に終始してしまいます。あるいは、○○法や△△型こそがアクティブ・ラーニングであるなどという特定の指導法の普及競争のようになってしまいます。

　アクティブ・ラーニングは、教師が授業を設計する際の考え方であり、それを実現するための方法は数限りなく存在するものです。ですから、絶えずご自分の指導方法や子供の学習の在り方を見直し、改善し続けてくださいというメッセージなのです。「これがアクティブ・ラーニングである」という固定的な考え方でなく、「これもアクティブ・ラーニングの一つである」と柔軟に考え、工夫・改善し続けてほしいと思います。本書もその参考のための一つとしてください。つまり、先生方自身がアクティブ・ラーナーになるということです。新しい指導方法は若い先生方から創り出されるかもしれませんよ。

　本書では、AL（アクティブ・ラーニング）ツールという名称で、対話的・協働的な学びのための具体策を紹介しています。これも方法の一つです。一方で、これまで黒板を中心にした授業ばかりで、なかなか子供たちのグループによる学び合いが設定できなかった先生には、ぜひ取り入れてみてほしいと思います。黒板も子供の思考を促すツールの役割を果たしますが、それだけではいつも思考の仕方や枠組みは教師が導くことになります。

　子供たちが自分たちの方法や枠組みで力を合わせて思考を生み出す、情報を比較したり関連付けたりする、知識と知識をつなげてみる、こうした学びはこれからの社会を生きていく子供たちにとって不可欠な学びです。協働的な問題解決能力というキーワードで、既にOECDも未来型の学力として調査をはじめている模様です。

　本書は、平成27年3月に出版した『澤井陽介の社会科の授業デザイン』と平成28年3月に出版した「学級経営は問いが9割」（どちらも東洋館出版社）の姉妹本としての位置付けです。①学級経営の基本をしっかりと確認したうえで、②授業をデザインする基本的な考え方を学び、③実際に子供がアクティブに考えるような指導方法を身に付ける（本書）。こういう考え方で3冊がセットで構成されています。併せて読んでいただけると幸いです。

　最後になりましたが、本書の編集にあたっては、東洋館出版社の編集部の皆様、特に担当してくださった高木聡氏に多大なご助言、ご支援を賜りました。こうした機会をいただいたことも併せて、この場をお借りしてあらためてお礼申し上げます。

平成28年3月吉日

澤井陽介

Index 子供の思考をアクティブにする社会科の授業展開

はじめに 003

第1章 子供の思考をアクティブにする社会科の授業デザイン 007

アクティブになるのは子供の思考の働き 008
小学校社会科は何をすればよいのだろう 009
   1. 問題解決の深い学びを実現する学習プロセスはどうか 010
   2. 相互作用を通して対話的な学びを実現する協働はあるか 011
   3. 見通しと振り返りを重視した主体的な学びはあるか 012
子供の思考をアクティブにする授業デザインのカギ 013
   1. 育てる資質・能力を明確にする 013
   2. 「問い」を柔軟にデザインする 014
   3. 「教材化」を明確にデザインする 017
   4. 「協働的な学び」ツールを通してデザインする 020
   5. 「学習評価」を具体的にデザインする 025

文部科学省教科調査官　澤井陽介

第2章 社会科アクティブ・ラーニングの授業展開 027

第3学年　9時間
学校のまわりのようす 028
香川大学教育学部附属高松小学校教諭　黒田拓志

第3学年　11時間
工場の仕事 036
名古屋市立なごや小学校教諭　浅野　進

第3学年　8時間
昔の道具 044
愛媛大学教育学部附属小学校教諭　白石貴士

第3学年　5時間
地域に受け継がれる祭り 052
埼玉大学教育学部附属小学校教諭　北川智之

第4学年　9時間
災害からくらしを守る　060
東京学芸大学附属小金井小学校教諭　小倉勝登

第4学年　14時間
ごみのしょ理と利用　068
青森県西津軽郡深浦町立深浦小学校教頭　平川公明

第4学年　13時間
郷土の発展に尽くす〜川崎平右衛門　076
東京都新宿区立西新宿小学校教諭　池田　守

第4学年　9時間
歴史を生かした太宰府市のまちづくり　084
北九州市立あやめが丘小学校教諭　梶川明夫

第5学年　7時間
低地のくらし　092
京都市立松ヶ崎小学校教諭　早樫直人

第5学年　9時間
米づくりのさかんな地域　100
長崎県佐世保市立吉井南小学校教諭　中尾大輔

第5学年　10時間
自動車をつくる工業　108
栃木県宇都宮市立宝木小学校教諭　野中智則

第5学年　10時間
自然災害を防ぐ　116
広島市立千田小学校教諭　内田友和

第6学年　6時間
3人の武将と天下統一　124
京都市立岩倉北小学校教諭　牧　紀彦

第6学年　8時間
文明開化と人々の暮らし　132
横浜国立大学教育人間科学部附属鎌倉小学校教諭　鈴木遼輔

第6学年　9時間
私たちのくらしと政治　140
横浜市立浦島小学校主幹教諭　赤羽博明

第6学年　7時間
世界の人々と共に生きる　148
東京都世田谷区立塚戸小学校教諭　中楯浩太

第1章

子供の思考をアクティブにする社会科の授業デザイン

ACTIVE THINKING

アクティブになるのは子供の思考の働き

　平成26年11月20日に文部科学大臣から中央教育審議会に諮問された「初等中等教育における教育課程の基準等の在り方について」の本文中に、「課題の発見と解決に向けて主体的・協働的に学ぶ学習（いわゆる「アクティブ・ラーニング」）や…」という文言があります。
　この「アクティブ・ラーニング」を用語解説は、平成24年8月に示された「新たな未来を築くための大学教育の質的転換に向けて〜生涯学び続け、主体的に考える力を育成する大学へ〜」という高大接続を視野に入れた高等教育改革の答申にあります。
　そこには、アクティブ・ラーニングが次のように説明されています。

> 　教員による一方的な講義形式の教育とは異なり、学修者の能動的な学修への参加を取り入れた教授・学習法の総称。学修者が能動的に学修することによって、認知的、倫理的、社会的能力、教養、知識、経験を含めた汎用的能力の育成を図る。発見学習、問題解決学習、体験学習、調査学習等が含まれるが、教室内でのグループ・ディスカッション、ディベート、グループ・ワーク等も有効なアクティブ・ラーニングである。

　このように、アクティブ・ラーニングは、幅広い形態を含み込む学習方法等の総称として、また大学や高等学校の授業の在り方を変革するためのシンボリックな言葉として取り上げられているのです。今回の諮問文で使われた意図も、主として高等学校の授業改善イメージを示したものと受け止めることもできます。
　小学校や中学校では、むしろ今回の諮問文で「課題の発見と解決に向けて主体的・協働的に学ぶ」と補説されたことに着目するとよいでしょう。「アクティブ」という言葉のみが勝手にイメージされ、活動や体験のみが一人歩きすることを求めているのではなく、**小学校で言えば、言語活動を重視しながら進めてきた問題解決的な学習の充実そのもの**であると受け止めることができます。
　子供が問いや予想をもって、社会的事象を構成する事実を丹念に調べ、社会的事象の特色や意味を考え、まとめて表現する。その過程で、学習の見通しや振り返り、あるいは友達や外部の人々との情報交換や話合いなど相互作用的な学びが重視される授業。いわば**「子供の主体的な問題解決を協働的な学びの過程を通してより確かに、豊かに実現する」**学習のためのキーワードと受け止めるべきでしょう。**アクティブにするのは子供の思考の働き**なのです。
　改訂の際に、こうしたキーワードが用いられ

ると、「アクティブ・ラーニングとは」などと、様々な概念規定がなされ、ノウハウを示す本などが出版されることが予想されますが、その背景や本質を見失わないようにしたいものです。
特に、次のようなとらえ方を確認しておくことが大切です。

1	アクティブ・ラーニングは「どのように学ぶか」を示したものであり、その前提として、教科等の目標の実現や内容の習得がある。アクティブ・ラーニングそのものが目的にはならない。
2	アクティブ・ラーニング実現のための3つの視点に共通する文言は「学びの過程」である。「指導の過程」ではない。教える内容を並べるのでなく、例えば社会科においては、子供にとっての問題解決の過程を授業として設計（デザイン）することを求めている。
3	「深い学び」「対話的な学び」「主体的な学び」の実現が大切であり、「〜法」というような特定の学習活動や学習スタイルの固定化や普及を求めているものではなく、指導方法の不断の見直し、改善を求めている。

この後、詳しく説明していきます。

小学校社会科は何をすればよいのだろう

では、小学校では何も改善しないでよいのでしょうか。
中央教育審議会教育課程部会に設置された企画特別部会において、平成27年8月に論点整理が示されました。その中で、アクティブ・ラーニングについて、次のように説明されています。

> 次期改訂が学習・指導方法について目指すのは、特定の型を普及させることではなく、下記のような視点に立って学び全体を改善し、子供の学びへの積極的関与と深い理解を促すような指導や学習環境を設定することにより、子供たちがこうした学びを経験しながら、自信を育み必要な資質・能力を身に付けていくことができるようにすることである。そうした具体的な学習プロセスは限りなく存在し得るものであり、教員一人一人が、子供たちの発達の段階や特性、子供の学習スタイルの多様性や教育的ニーズと教科等の学習内容、単元の構成や学習の場面等に応じた方法について研究を重ね、ふさわしい方法を選択しながら、工夫して実践できるようにすることが重要である。

アクティブ・ラーニング実現のための3つの視点

1	習得・活用・探究という学習プロセスのなかで、問題発見・解決を念頭に置きつつ、深い学びの過程が実現できているかどうか
2	他者との協働や外界の情報との相互作用を通じて、自らの考えを広げ深める、対話的な学びの過程が実現できているかどうか
3	子供たちが見通しをもって粘り強く取り組み、自らの学習活動を振り返って次につなげる、主体的な学びの過程が実現できているかどうか

ここからキーワードを抽出するとすれば、①「問題解決の深い学びを実現する学習プロセス」、②「相互作用を通して対話的な学びを実現する協働」、③「見通しと振り返りを重視した主体的な学び」となるでしょうか。

　さて、みなさんの授業は、①②③の視点が実現しているでしょうか。

　そのように考えると、高等学校の授業改善のためだけのキーワードではないことがわかると思います。小学校社会科では、上記の①②③を「問題解決的な学習の充実」の文脈に含み込み、あらためて充実のポイントが示されたと受け止めることが現実的でしょう。

　そこで、上記①②③に沿って、小学校社会科の現状や改善策を考えてみたいと思います。

1．問題解決の深い学びを実現する学習プロセスはどうか

　小学校社会科では、多くの実践から次の2つの問題解決が見られます。

　その一つは、**社会的事象の特色や意味を追究する問題解決**です。

　「どのように」「なぜ」といった問いが学習問題として設定されて進められる問題解決です。これは、社会認識につなげる授業設計であり、一定の共通理解（中心概念と呼ばれることもある）に向かうものです。

　たとえば、「自動車を作る工場では、ロボットやコンピュータなどの最新技術を駆使しながら、働く人々の連携や注意深い仕事によって消費者ニーズに応える質の高い製品を効率的につくり出していることがわかった」といった理解の例を挙げることができます。

　もう一つは、**社会に見られる課題について、国民（自分たちの）生活との関連を把握した上で、その解決に向けた国民（自分たち）の関わり方を追究する問題解決**です。

　「どうすれば」「どちらがよいか」といった問いが学習問題として設定されて進められる問題解決です。これは、公正な判断につなげる授業設計であり、解（答え）は多様にあるため、共通理解よりも子供一人一人の選択・判断や関心に傾斜をかけているものです。

　前者を単元の前半で、後者を単元後半に設定して単元展開を構想している事例も多く見られます。こうした現実を見据えて、小学校における問題解決は、この両者をどのように組み合わせていくかを考えていくことが大切です。

　小学校社会科の内容は、地理的な内容の要素、歴史的な内容の要素、公民的な内容の要素の混合です。おそらく、これらすべての内容で、両者を同様のバランスで組み合わせることは不可能でしょう。そもそも社会に見られる課題を追究する構成を組み込むこと自体が困難な内容も少なからずあるでしょう。

こうした現状を見据えた上で、小学校社会科としての問題解決的な学習における小学生らしい深い学びを考えていくことが大切です。**深い学びの方向性は、前者は社会認識に向かうこと、後者は公正な判断力の育成に向かうこと**、とひとまず考えてみたいと思います。社会認識と公正な判断力の2つは社会科に不可欠なものであるからです。

2. 相互作用を通して対話的な学びを実現する協働はあるか

小学校社会科では、これまでの「学び合い」「関わり合い」といった言葉で、次のように協働的な学びを重視してきました。

社会的事象の様子や特徴について気付いたことを繋ぎ合う	事実や様子の把握
予想を出し合ってより精度の高いものに絞り込む	予想の磨き合い
予想に基づいて調べる際の学習計画を相談する	見通しの共有
観点や事項を分担して調べて多様な情報を集める	協力した調査
社会的事象の特色や意味について、立場に分かれたり視点をいくつか設けたりして話し合う	討論、話合い
調べたことをもち寄って作品化など学習のまとめをする	共同作業、協力した学習成果物の作成

などです。

このほかにも、実社会の人々が協力・連携して課題や問題を解決しようとしている姿を調べる、実社会の人々の話を聞いたり意見交換をしたりして一緒に課題や問題について考える、といった「協働」も見られます。

一方で、対話的な学びが十分に実現しているかというと、そうとは言い切れません。「話し合う」と言いながら、教師が常に子供同士の間に入り方向を決めているものや、子供の相互指名などによって話し合う形をとっているものの、順番に指名をつないでいるだけで、話合いの内容が深まらずに子供の一方通行の発言に終わっているなどの例も見られます。

「子供が互いの言葉を受け止め合い対話しながら集団や個人の考えを深める授業」の実現は、実は容易なものではありません。**問いの質、適切な資料提示、子供のも**

つ情報量、場の設定に加えて、日常的な学級経営の姿勢が大きく影響します。

　子供同士で直接やりとりができるように育てていくことの重要性にもあらためて着目したいものです。子供の発言の冒頭に接続詞（「だから」「なぜなら」「つまり」「でも」「それは」等）や「つなぎ言葉」（「○○さんに似ていて」「視点がちょっと違うけど」等）が使われるようになると、相互作用が機能しはじめていると受け止めてよいでしょう。

　そのためには、例えば「～であるのに、なぜ～なのだろう」「本当に～でよいのだろうか」などと問いが焦点化されたり、これまでの知識・理解では説明できない状況が生まれ、子供が「困る」状況、「迷う」状況になったりして、子供同士が自ら力を合わせて解決しようとする状況をつくり出していくことも大切です。

　また、空論のような話合いにならないよう、事実（情報）を基にして比較・関連付けたり総合したりしながら、社会的事象の特色や意味を考察する方向へ、立場や根拠、理由付けを明確にして自分の考えを説明する方向へ向かう社会科らしい対話の実現を期待したいものです。このことが、思考力・判断力・表現力の育成に大きく関わるからです。

3．見通しと振り返りを重視した主体的な学びはあるか

　教師は自分の授業ストーリーを指導計画という形でもつことが望ましいと言われます。一方で、そうした場合にも、そのストーリーは、子供には知らされていないことが多いようです。

　指導計画のすべてを子供と共有するということではありません。しかし、子供が学習問題を解決するために、これから何を調べていくのかを理解し、この後の授業がどのように進んでいくのかという問題解決の見通しを大まかに教師と子供で共有することは大切なことです。

　これがないと、教師が毎時間、資料提示から課題を提示して授業をはじめ、子供は「先生は今日は何を教えてくれるのだろう」と待ちます。これを「先生、今日は～調べるんだよね」という姿へと転換していくこと、これが主体的な学びの第一歩ではないでしょうか。

　そのためには、子供が学習問題の趣旨をしっかりと把握し、予想を出し合うなどしてその解決への見通しをもつことが大切です。例えば、**単元等の長いスパンを通して自分たちは何を調べるべきなのか、どのように調べて解決を目指せばよいのかといった学習計画（ストーリー）の子供自身による把握**です。これにより、学習の連続性とともに自分たちが学ぶべきこと・考えるべきことが子供に自覚され、学習への主体性が育まれます。

　また、学習したことを振り返って、自分の学びを自覚することも主体的な学びを実現する上で大切です。振り返りによ

り、自分たちは何を学べたのか、どのように成長したのかを確認するとともに、何がわからなかったのかにも気付きます。次の学習への意欲や問い続ける姿勢が育まれます。

また、授業における学習問題（課題）を振り返る目線を少し上げて、「産業は…」「これからの地域社会は…」「自分たちは…」などと社会を見つめたり、未来を考えたりする子供を育てることにもつながる可能性があります。社会科は何を学ぶ教科であるかを子供が自覚し、社会科の授業への意欲が高まることも期待されます。

冒頭に紹介した論点整理には、「関心・意欲・態度の評価」に関して次の記述があります。

> …子供たちが学びの見通しを持って、粘り強く取り組み、自らの学習活動を振り返って次につなげるという、主体的な学びの過程に向かっているかどうかという観点から、学習内容に対する子供たちの関心・意欲・態度等を見取り、評価していくことが必要である。

今後、評価の観点の趣旨が変わるのかにも注目したいものです。

子供の思考をアクティブにする授業デザインのカギ

ここから、少し具体的な授業デザインについて考えてみましょう。

1. 育てる資質・能力を明確にする

先に述べたように、アクティブ・ラーニングは、教科としての目標や内容を踏まえて工夫されるべきものです。そのため、社会科においてもその単元（小単元）で育てるべき資質・能力を明確にしてから、それを実現するための方法として考えていくことが必要になります。

したがって、本書の実践例の冒頭には「本小単元で付けたい力や育てたい態度」が描かれています。

ここで、「資質・能力」について、少々説明しておきます。

教育基本法（第1条）（教育の目的）では「…平和で民主的な国家及び社会の形成者として必要な資質を備えた…」と、「資質」という言葉が使われています。法律の解説をする文書（逐条解説といいます）では、「『資質』とは能力や態度、性質などを総称するものであり、教育は、先天的な資質をさらに向上させることと、一定の資質を後天的に身に付けさせるという両方の観点をもつものである」ということや「『資質』は『能力』を含む広い概念であること」などが説明されています。

また、文部科学省に設置された「育成すべき資質・能力を踏まえた教育目標・内容と評価の在り方に関する検討会」が平成26年にまとめた「論点整理」では、「『資質』と『能力』の相違に留意しつつ、行政用語として便宜上『資質・能力』として一体的に捉え」ると説明され、以

後、新しい学習指導要領の検討に向けては、「資質・能力」という一体化した文言で説明が貫かれています。

また、平成27年に中央教育審議会教育課程企画特別部会がまとめた「論点整理」では、資質・能力の要素として、次の3つが、学校教育法30条2項を基に整理する意図で示されています（＊学校教育法30条2項では学力の3要素として「基礎的な知識・技能と習得」「これらを活用して課題を解決するために必要な思考力、判断力、表現力等」「主体的に学習に取り組む態度」を規定しています）。

1	知識・技能	「何を知っているか、何ができるか」
2	思考力、判断力、表現力等	「知っていること・できることをどう使うか」
3	態度	「どのように社会・世界と関わり、よりよい人生を送るか」

こうした経過を踏まえて、**これから「資質・能力」という言葉は、学力の3つの要素をすべて含んだ言葉として使うことになりそうです。**

一方、本書では、実践例の冒頭は資質・能力のうちのすべてを描いているわけではなく、「主な資質・能力」として示しています。知識・理解や技能は、小単元の目標を見ていただければわかるため、思考力、判断力、表現力や態度を中心に描いています。また、能力や態度は育てていくものであるので、中学校へ向けてどのようにつながっているかについても視野に入れて描いています。

このように、アクティブ・ラーニングを意識して授業をデザインするときには、まず前提として子供に何を育てるのかを考えることが大切になります。

2.「問い」を柔軟にデザインする

①学習問題をデザインする

問題解決の学習プロセスには、「問い」のデザインが欠かせません。「問い」といっても、（小）単元の学習問題や毎時の学習課題、教師の発問や子供の疑問など様々ありますから、ここでは、（小）単元の学習問題で考えてみましょう。

社会科の研究会では、指導計画を作成する際「1単元、1サイクル、1学習問題」を基本とする計画づくりが見られます。

右の**資料1**のように（小）単元を通した学習問題を追究・解決することを通して（小）単元の目標を実現するように意図するため、そのような設計（デザイン）が多くなるのである。いわば、これが基本形と言えます。

一方で、この設計（デザイン）に基づいた社会科授業は、次のような形で展開されます。

> **(小) 単元の学習問題** だれが、どのようにして、事件や事故から私たちの安全を守っているのだろう？
> **学習のまとめ** 警察と地域が協力して、事件や事故から私たちのくらしを守っている

このように「どのようにしているのだろう？」という学習問題は、「○○をしていた」で終末を迎えます。これはなんら問題ない（小）単元構成のように見えます。しかし、こうした形ばかり固定的に考えていると、内容によっては必要になるはずの「これからは…」や「私たちは…」という問いが設定されにくくなります。また、「なぜ」という問いを設定しないと、社会的事象の意味を考える機会が少なくなることも考えられます。

そもそも、単元とは、あるいは、学習問題とは、それぞれどのようなものでしょうか。『小学校学習指導要領社会科編（試案）』（昭和26年）では、「第4章　単元のつくりかた」において次のような説明があります。

資料1

> …学習の経験、言い換えれば学習活動が問題解決を中心として次々に発展していって形作られるまとまりが、社会科の単元である。

すなわち、問題解決の経験で構成された内容のまとまりということでしょう。また同試案では、単元の備えるべき条件として、「児童が強い関心をもって、その解決のための活動を営むような、いくつかの問題を含むものでなくてはならない」とも説明しています（＊もちろんこれは試案における説明であり、どこまで現在に通用するかは吟味が必要です。しかし、これに代わる説明がその後の学習指導要領や解説においてなされていない以上、まずは基本として参考にする必要があるでしょう）。

こうした考え方に基づくならば、1単元1学習問題は基本形であり、「学習活動が問題解決を中心として次々に発展していって形づくられる」様々な応用編があってよいことになります。

例えば、（小）単元の後半や終末につくられる新たな問い（学習問題と呼ぶ場合もある）です。「これだけ工夫や努力をしているのに、こんなに課題があるのはなぜか（どうすればよいか？）」「私たちは関係機関の協力により守られている。では、なぜ事故がなくならないのか（安全というのは本当か？）」

このほかにも「私たちにできることはあるのか、あるとすればどのようなことか」「何を大切にしていけばよいか（何を優先すべきか？）」などなど、様々な問いが（小）単元の後半、あるいは終末でつくられる授業を見ることがあります。

あるいは、自動車工場の学習で「運輸や貿易」の内容までをまとめて（小）単元構成する際、学習問題を「自動車はどのようにつくられて、どのように運ばれるのだろう」などと、子供の問いや予想から離れ、時間的に隔たりのある２つの事項に対する問いを組み合わせて設定する例も見られます。

いずれも「（小）単元の学習問題は１つに限定することはない」と考えれば解決し、安心して授業を進めることができます。

小学校社会科における問題解決は、社会的事象の特色や意味を理解するための学習上の問題の解決であり、すなわちＱ（学習問題）に対するＡ（結論）です。このＡ（結論）は、多くの事実によって構成され、多様な解釈を重ねながら形づくられます。（小）単元の学習問題が、抽象度の高いもの、大きな概念を求めるようなものであるのは、そのためでしょう。したがって、わかったようでわからないことや、わかることによってかえってわからなくなることなどが生じて当然なのです。

あるいは、自分たちが社会の一員として、どのように判断したらよいかが問われる場面も出てきます。（小）単元の目標で「一員としての自覚」「産業の発展への関心」といった態度に迫ろうとする場合にはなおさらです。

②問題解決の見通しをデザインする

問題解決への見通しは、子供たちの予想を生かしながら学習計画を考えることによりもたせることができます。学習計画には大まかに分けて次のようなものが考えられます。

ア	何を調べるか（調べることがら）を決める
イ	どのように調べるか（調べる方法）を決める
ウ	どのような順で調べるか（調べる順番を決める）
エ	どのようにまとめるか（まとめる方法や内容を決める）

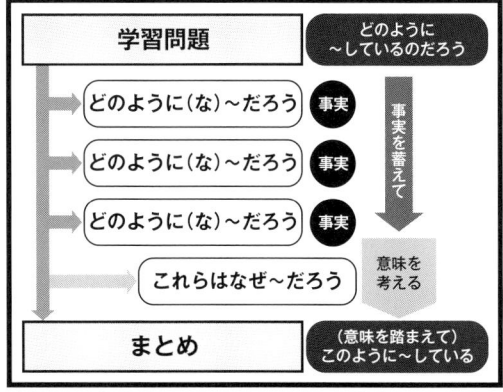

資料２　「どのように」型の入れ子構造

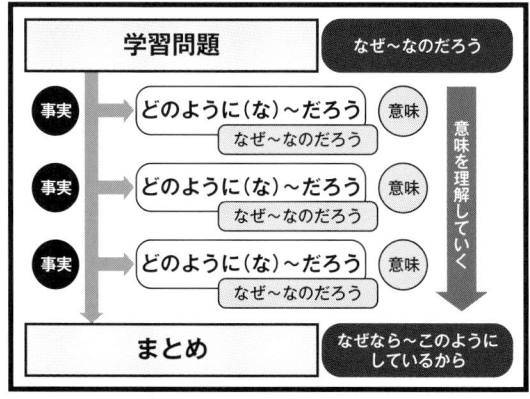

資料３　「なぜ」型の入れ子構造

単元や内容、学年の段階に応じて無理なくできるものを選んだり組み合わせたりしていきたいものです。

例えば前ページの**資料2**は、単元の学習問題と毎時間の学習問題（学習課題、めあてなどという例も多い）との関係をイメージした例です。このように社会科は、問いが入れ子構造のようになって単元構成されていることが多いのです。何を（前ページ ア ）どんな順（前ページ ウ ）で調べていくのかといった大まかな見通しを子供にもたせるだけでも、「単元の学習問題はつくったものの、その後はまた教師が1時間ごとに問いを提示する展開になってしまう」ことを防ぐことができます。

3．「教材化」を明確にデザインする

「深い学び」のプロセスを実現するためには、学習内容を通して子供に何をどのように考えさせ理解させるかという教材化の視点が欠かせません。教材化のデザインには次の手順が大切です。

学習内容を明確にする	・学習指導要領を読む ・教科書を読む
教材化の視点をもつ	・自分で社会的事象の意味を考える ・事実（情報）を集める
資料化する	＊見せ方や提示手順も考えておく

順番に考えていきましょう。

①**学習内容を明確にする**

まず、学習指導要領に示されている目標や内容を読み、それ踏まえて、「何を調べて」「何を考える」ようにするかを把握して（小）単元を構想することです。

資料4は、第5学年の内容(2)「我が国の農業や水産業」に関わる記述です。

（小）単元を構成する際には、（ ）番号の内容に書かれていることと、ア、イ、ウなどとして書かれていることをよく見ることが大切になります。前者を「内容」、後者を「調べる対象」といいます。

第5学年　内容（4）

我が国の農業や水産業について、次のことを調査したり地図や地球儀、資料などを活用したりして調べ、それらは国民の食糧を確保する重要な役割を果たしていることや自然環境と深い関わりをもって営まれていることを考えるようにする。

調べる対象

イ　我が国の主な食糧生産物の分布や土地利用の特色など

ウ　食糧生産に従事している人々の工夫や努力。生産地と消費地を結ぶ運輸などの働き

資料4

まず「内容」を見ると、農業と水産業の２つが書かれています。こういう場合には、学習指導要領の「内容の取扱い」を見ます。「内容の取扱い」には次のように書かれています。

> 　内容の(2)のウについては、農業や水産業の盛んな地域の具体的事例を通して調べることとし、稲作のほか、野菜、果物、畜産物、水産物などの生産の中から一つを取り上げるものとする。

　つまり、稲作は必ず取り上げ、そのほかには野菜、果物、畜産物、水産物などから選択して取り上げることを説明しています。時間数を考えると、一般的には２つの事例、すなわち「稲作と水産物」、あるいは「稲作と果物」などとなるわけです。したがって、内容には書かれていますが、地域によっては水産業を取り上げない学校も出てくるわけです。地域の実態に合わせて工夫ができるようになっています。
　実際に授業を構想する際、「内容」を授業のねらい、「調べる対象」を学習内容と考えがちですが、そうではありません。学習内容の中心は「内容」です。つまり学習内容は、単元構成する場合には「我が国の農業…は国民の食料を確保する重要な役割を果たしていることや自然環境と深いかかわりをもって営まれていること」であり、その学習内容について考えて理解するための事実が「ア、イ、ウ」になるわけです。つまり「ア、イ、ウ」を調べて「内容（～果たしていることや～営まれていること）」を考えるようにするという構成です。
　前ページの**資料４**では、イとウのみが取り上げられ、アが書かれていません。アには以下のことが書かれています。

> ア　様々な食料生産が国民の食生活を支えていること、食料の中には外国から輸入しているものがあること。

　つまり**資料４**は、上記アは他の小単元で扱い、本小単元ではイとウを組み合わせて構成することを考えたものととらえることができます。このことも学校あるいは授業者が工夫できます。例えば、日本全体を見ていろいろな農産物とそれらの生産地の分布や自然条件（気候や地形）の特色などを見てから、稲作の盛んな地域事例へとつなげる展開が考えられます。
　次に、どのような教材が考えられるかについては、教科書を読んでみるとよいでしょう。社会的事象の意味やそれを支える具体的な事実を把握することができます。教科書に掲載されている写真やグラフなどをそのまま活用できることも多いのです。「～を調べて」「～を考える」のサンプルが教科書には示されていると考えましょう。

②教材化の視点をもつ
　しかし、本当の教材研究はここからです。学習指導要領や教科書を読んでも授業を進めるイメージが湧かない場合があります。毎時間の授業を考えたとき、子供が調べる事実や資料が不足するからです。

このことを補うためには、教師自身が自分で教材化の視点をもつことが必要です。

一口に社会的事象と言っても、子供には見えづらいものが多いのです。ここは教師としてよく考え、社会的事象を子供に見えるようにすることが大切です。

例えば「農業に従事する人々の工夫や努力」といってもまだ抽象であり、子供に見える事象ではありません。そこで、**資料5**のように工夫や努力の方向を整理し、子供に伝える事実の洗い出しをすることも大切です。図中の①〜④を「農業に従事する人々の工夫や努力」の教材化の視点ととらえるとよいでしょう。

学習指導要領に示されている内容には、「工夫や努力」「働きや苦心」「重要な役割」「安定と向上」など、人間の働きを表す多くの文言があります。ここに子供たちが考える「社会的事象の意味」が含まれているのです。

社会的事象の意味とは、資料6のように、働く人々の側から見た意図や目的を言う場合と、それらが私たち（国民など）にとってどのような意味があるか（役割、影響など）ということを言う場合とがあります。

どちらも大事です。**資料6**の左側がわからなければ、矢印の意味もわかりません。

教材研究とは、教師がこうしたことを自分の頭で考え明らかにする研究のことを指します。

③資料化する

最後に、子供が自分で読みとったり考えたりして理解できるように、その教材を子供に届ける方法を考える必要があります。すなわち資料化する作業です。

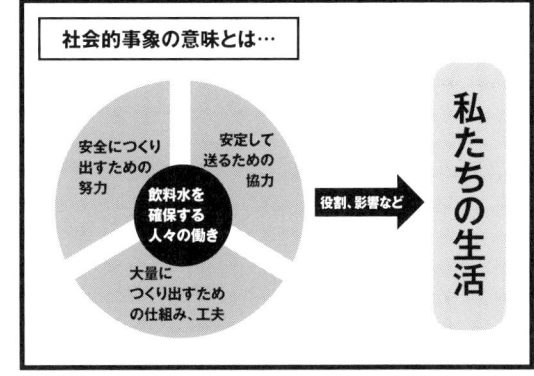

資料5

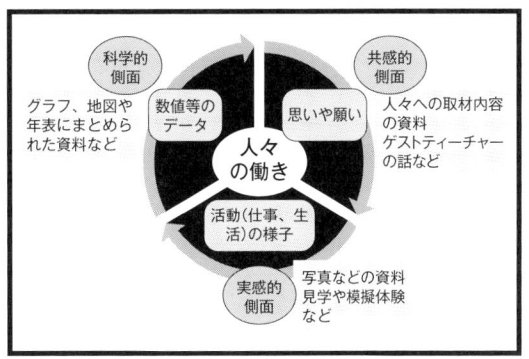

資料6

資料7

社会科の資料には、実物、映像・画像、統計、文書など、様々なものがあります。学年の段階にもよりますが、実物、本物に出合うことにより、子供の関心が高まったり、実感的に理解したりする効果が期待できる場合が多いのです。その場合にも、事前に何を見て何を聞くかなど、調べる事柄を明確にしておくことが大切です。見学対象や人物の話は、はじめから資料なのではな

く、調べる事柄と結び付いたときに初めて資料化されます。また、見学等ではわからない事実をグラフや地図、年表などの資料で見えるようにする資料化も大切です。つまり、資料化する際には、**資料7**に示したようなバランスが大切なのです。

　資料提示の手順についても、はじめに写真で見せ、次に変化や移り変わりなど時間的にとらえるために年表に位置付けてみる、あるいは他地域との関わりや分布の広がりなど空間的にとらえるために地図に位置付けてみるなど、いろいろな工夫ができます。

　また資料化は、教師が事前に行うだけでなく、調べたことを関係図にまとめるなど、子供たちが参加・協力して学習活動として行う場合もあります。その場合にも、資料化が目的ではなく、資料にまとめることで、何を考え理解できるようにするのかを教師が意図することが必要です。

4．「協働的な学び」ツールを通してデザインする

　先にも述べたように、社会科の授業において、協働的に学ぶ場面はたくさんあります。その一方で「子供が互いの言葉を受け止め合い、対話しながら集団や個人の考えを深める授業」の実現は難しいものです。

　そこで本書では、その一つの方策として、ＡＬ（アクティブ・ラーニング）ツールを考えてみました。子供たちが対話的な学びに向かう「仕掛け」です。これを各事例で紹介しています。

　例えば、グループで話し合う際に使うホワイトボードや模造紙もそうでしょう。みんなで話し合う際の黒板もそうでしょう。しかし、模造紙やホワイトボード、黒板を道具（ツール）として用意するだけでは、対話的な学びは実現しません。共通の明確な目的や、解決すべき問い（課題）が子供たちにしっかりと自覚されていることが不可欠です。

　そこで、本書で例示されているＡＬツールは、道具だけでなく問い（課題）や目的をセットで示しています。どんな問い（課題）を解決するための道具になっているか、それを使うことでどのような子供同士の対話が生まれているか、その結果としてみんなで何を考え何を理解しているか、といったことを大切に読み取って、それらをまとめてツールとして考えてほしいと思います。

　ここからは、どのようなツールが見られるか、その特徴は何かを整理してみたいと思います。

①板書を「協働的な学び」ツールに

　子供たちは、それぞれに既有の知識や情報、学習を通して調べて得た情報、それに対する自分の考えなどをもっています。それを問題解決に向けて出し合うツールの代表が黒板です。

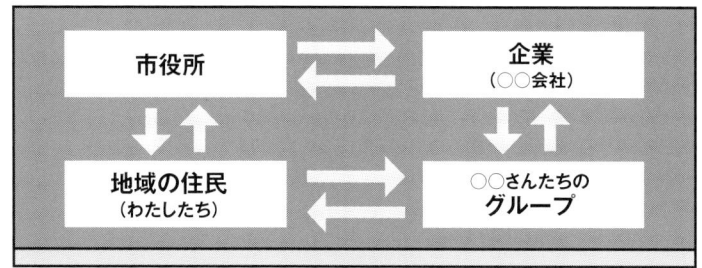

資料8　板書イメージ

ア　相互関係の整理

　板書を思考ツールのように使う例としてよく見られるのが、学んだ事象の相互関係の整理です。例えば、**資料8**（板書イメージ）のように複数の立場の関係を整理する授業などが多く見ら

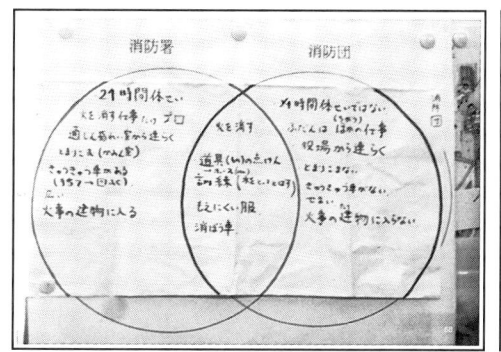

資料9

資料10　ベン図の要素を含んだXチャート

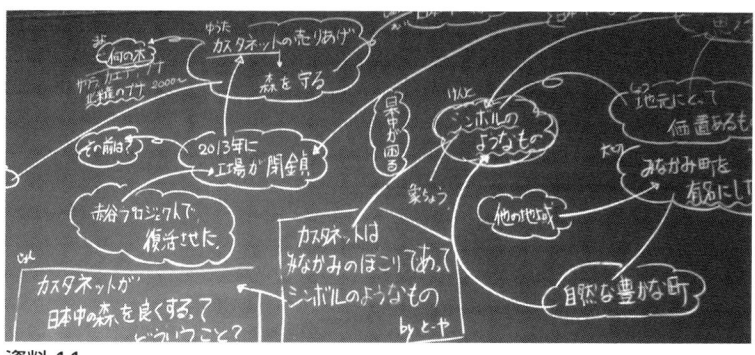

資料11

れます。

　こうした授業では、相互関係が矢印などで結ばれ、その矢印に説明が加えられます。この説明をみんなで話し合いながら考えていく場面の設定です。これにより、人々の連携・協力関係が見えたり、自分の立場がわかったりします。

　また、同様の板書でも、それぞれの立場に立って議論する例も見られます。ここでは問い（学習問題等）が重要になります。

　「誰が誰に何を訴えるのだろう」

　「どの立場が○○の解決のカギになるだろう。その立場に立って主張しよう」

などと投げかけるとともに、「どちらが効果的か」「それは実現可能か」など、比較・吟味して深く考えるための問いが用意されているとよいでしょう。

イ　異同の整理

　資料9（これは模造紙ですが）のように、ベン図のような考え方を用いて、学習したことの相違点や共通点を見いだそうとする板書も見られます。黒板を3つ、4つに線で分けて、中心に共通する概念的な知識を子供に表現させようとする授業も見られます（**資料10**／本書掲載の事例：第6学年、p.149）。

ウ　つながりの整理（概念化）

　資料11のように子供たちの発言を対立点やつながりなどで整理しながら、言葉をつなげて社会的事象の特色や意味に迫ろうとする授業もあります。子供たちの名前が記され、それぞれの意見が位置付けられていく点に特徴があります。また、本書で事例を紹介している「『すると』…ツリー」（p.69）もこの仲間に入ると考えてよいでしょう。

第1章　｜　021

②**ワークシートを「協働的な学び」ツールに**

　本書の事例では、「スリーステップシート」（第3学年、p.53）、「もしもワールド」（第5学年、p.93）、「業績評価カード」（第6学年、p.125）、「ピラミッド・ランキング」（第6学年、p.141）など、ワークシートを使っている例も多くみられます。

　ワークシートの設計には、主に次のような意図が見られます。

1	集めた事実→わかったこと（特色や意味など）→自分の意見などと学習の手順を示す
2	縦横軸の観点などに基づいて情報の整理（カテゴリー分けなど）を促す [**表、座標等**]
3	比較・関連付け、総合など、枠組み自体で思考を促す [**ベン図、関係図等**]
4	重要度や緊急性などを順位付ける枠組みにより選択・判断を促す [**ランキング、ピラミッド等**]
5	意味を考察する要素を示し、多面的・多角的に分析する [**チャート図等**]
6	事象相互のつながりから、イメージを確かにしたり広げたりしていく [**ウェブマップ、概念マップ等**]
7	情報の相互交流を前提として、個々の情報についてまとめる [**○○カード等**]

　形式や目的は、ほかにも様々あると考えられます。

　ワークシートのよさとしては、調べたり考えたりする手順が示されており、子供たちがスムーズに学習を進めることができること、個人での学習時間が保障され、自分の考えを整理することができることなどが考えられます。

　例えば、**資料12**は、ある県の研究会で示された子供のワークシートの構成例です。このようなワークシートを使わせることによって、子供はおのずと具体的事実から抽象的な意味（概念）へと調べたことを整理することができるようになります。

　一方で、ワークシートを活用する際に見られる課題点としては、はじめから次の活動や問いが見えてしまい、子供が思考を働かせなくなって

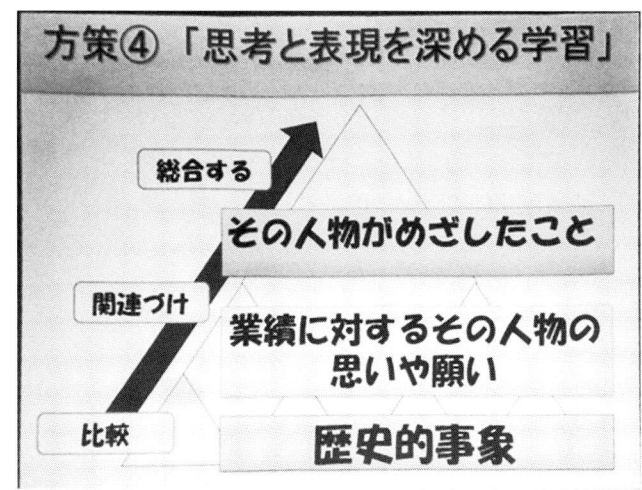

資料12

しまう例があることや、毎時間の学習の連続性が、ノートよりも自覚しづらい点などが考えられます。これらの課題を克服するためには、ワークシートはあまり情報過多にせず、子供自身が記述する部分を多くすることや、ノートに貼る、重ねて閉じていくなど、ポートフォリオ的な視点を重視することが必要です。

　また、ランキングやチャート図などでは、個人のものを作成してからグループで総意をまとめ

資料13

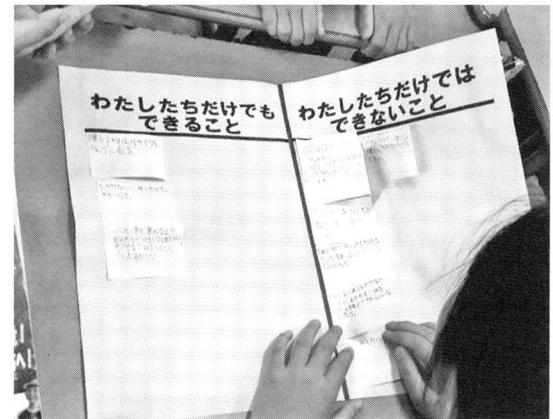
資料14

る活動などが見られるのですが、それぞれが考えた数字や順番の折り合いを付けようとする話合いが中心になってしまい、平均値を出したりリーダーが決定したりしている例も見られます。こうした例では、折り合いを付けること自体が目的になっている点が課題です。

　大切なことは、その数字や順番を選んだ根拠や理由をお互いに出し合い、そこから社会的事象の意味を見いだすキーワードをまとめていくことです。お互いの考えを伝え合うことで、一人で考えているだけでは見えなかったものが見える、何が大切であるかがわかり、その根拠や理由が確かになることが目的であるということを忘れないようにしたいものです。ツールはあくまでもツールで、それを基に話し合う活動も方法であり手段にすぎないのです。

③板書、ワークシート以外のものを「協働的な学び」ツールに

　板書やワークシート以外でツール的なものを使って協働的な学びを設計している例もあります。

ア　付箋を使う例

　付箋を使う例は、①自分の考えを思い付くままにたくさん書く、②グループで似た内容を整理する、③タイトルを付ける、といった展開に特徴があります。教師の授業協議会で多く見られるようになったＫＪ法などでも付箋が使われることが多いでしょう。

　整理の枠組みは、教師があらかじめ提示する方法や、グループ活動の際に提示する方法、子供たち自身で決める方法など、様々あるようです。

　付箋を使う例のよさは、個人活動が確保されること、修正や移動が簡便なため話合いが活発になることなどが考えられます（**資料13、14**）。

　一方で、個々の考えの微妙な違いが消えてしまい、漠然とした解答にまとまってしまいがちな面も見られます。個々の書いた付箋は取っておき、教師がその後の学習で生かしていく工夫が求められます。

イ　ホワイドボードを使う例

　グループ用の小さなホワイトボードを使う例も多く見られます。ホワイトボードを使う例は、問いが明確で、子供たちが意見や考えを蓄えている状況で多く見られます。逆に言えば、その状

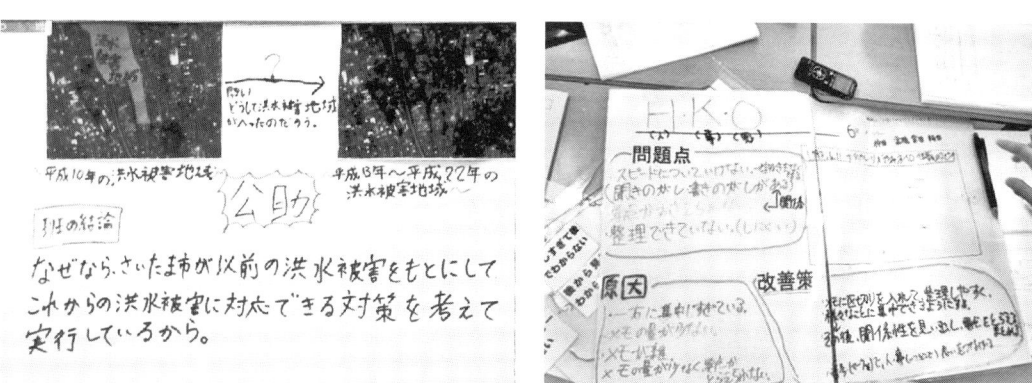

資料15

資料16

資料17

況に至っていない場合にはうまく使えていないことが多いようです。

　ホワイトボードを使う例のよさは、付箋のように記述量が増えないうちに、まとめに向けて内容が調整されることで、最終的に黒板にグループごとの考えを一覧で示すこともできることなどが考えられます（**資料15**）。

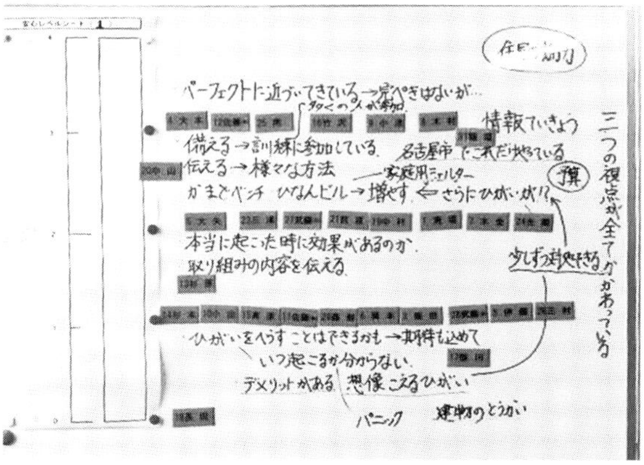

　ホワイトボードが用意できなくても厚紙にラップを付けたりラミネート加工したりして使っている学級も見られます（**資料16**）。

　課題点は、リードして記述する子供がいる反面、グループの中に傍観的な立場の子供が出てきてしまう点です。グループ活動に入る前にノートなどで自分の考えをまとめておくことが必要でしょう。

ウ　「物差し」を使う例

　名前の付け方は実践者によって様々ですが、自分の考えが今どのような状況にあるか、学習を通してどう変わったかなどを継続的に自己判断する物差しのような指標を使う例がみられます（**資料17**）。「反対・賛成・どちらともいえない」などの間を自分で動かす例もあります。板書とは別に副次的に掲示する手法が多いようです。

　これを使うよさは、子供が自分（たち）の考えやその変容を客観視できることでしょう。しかし、感覚的・感情的なものに終始してしまうことも考えられます。大切なことはなぜその位置にしたのかという根拠や理由から、社会的事象の特色や意味を深く理解していくようにすることです。

　これらのツールは一例にすぎず、ほかにもたくさん考えられること、本書を読んだ先生方にとって他のツールを工夫・開発するヒントにしていただきたいことを付け加えておきたいと思います。

5.「学習評価」を具体的にデザインする

①協働的な問題解決の能力や態度を「見取り」「聞き取る」

対話的な学び、協働的な学びを充実させると、学級全体での話合いやグループ活動が増えることが考えられます。子供同士が双方向性のある表現をしている際にも、教師は次のように子供の学びの状況を見取ったり聞き取ったりすることが大切です。

ア　学級全体の話合いで他者の意見につなげて自分の考えを述べている
　▶**議論する力として「思考・判断・表現」の観点で評価する**
イ　学級全体の話合いで自分の立場や根拠を明確にして自分の考えを述べている
　▶**説明する力として「思考・判断・表現」の観点で評価する**
ウ　学級全体の話合いで複数の意見や立場を踏まえて自分の考えをまとめている
　▶**課題の解決に向けて選択・判断する力として「思考・判断・表現」の観点で評価する**
エ　グループ活動で調べて得た情報を図などに率先して整理している
　▶**社会的事象に関する情報をまとめる技能として「技能」の観点で評価する**
オ　グループ活動での話合いでリーダー的に進行している
　▶**主体的に学習に取り組む態度として、「関心・意欲・態度」の観点で評価する**
カ　グループ活動で他者の意見をしっかりメモしている
　▶**主体的に学習に取り組む態度として、「関心・意欲・態度」の観点で評価する**

これらは一例で、ほかにも様々に考えられます。評価は基本的には個人に対して行うものですが、集団の活動においても個々の学習状況を把握することができます。

もちろん、学習の過程でノートに記述する時間を設定して、その記述を個人の学習状況として評価対象にすることもできますが、これからの子供たちに求められる資質・能力は、他者と力を合わせて協働的に問題解決する能力や態度です。このことを踏まえれば、対話的な学び、協働的な学びを通して子供たちを評価し育てていくことは、今後一層大切になります。

②子供の表現を想定して待ち受ける

評価はいつの時代にも「難しいもの」とされてきました。評価規準が変わると評価結果（ＡＢＣなど）も変わってしまうからです。また、教師も人間です。人間が人間である子供も学習状況を評価するのですから、難しいわけです。

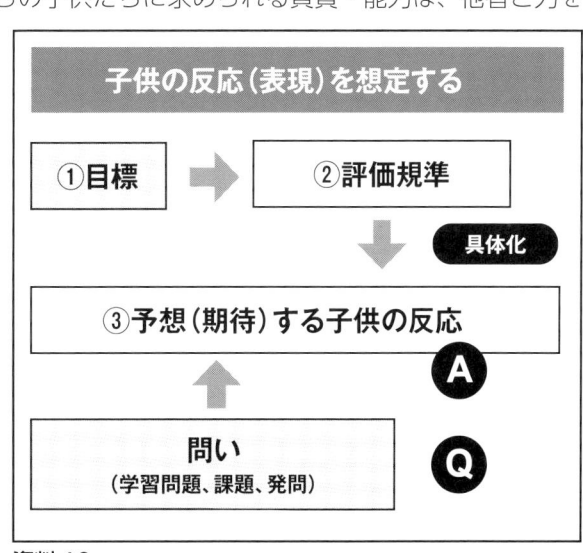

資料18

その評価の難しさを少しでも解決する方法は、教師の準備しかありません。子供たちの学習状況を、表現などを通してどのように受け止めるかを準備しておくことです。**資料18**はそのイメージを表したものです。

　準備するとは、子供の反応（表現）を想定することです。評価規準は目標に沿ってつくります。一方で目標は抽象的なので、そのまま写したような評価規準では、実際の評価は難しいのです。

　評価規準を実際の子供たちの反応（表現）を予想しながら具体化することが必要になります。その際、大切なことは、「Ｂ（おおむね満足できる状況）」の姿を複数考えていくことです。子供たちの表現は決して一通りではありません。

　評価規準とは、野球でいう「ストライクゾーン」のようなものです。ストライクゾーンには、外角高めや内角低めがあります。もちろんど真ん中もあります。これらの反応を学級のＡさん、Ｂさんを思い浮かべながら予想するのです。

　例えば、Ａさんは「関係する機関が連携や協力をしている」と言うかな、でもＢさんなら「○○が□□を応援している」と言うかな、Ａさんは真ん中ストライクだけど、Ｂさんも低めいっぱいのストライクだな、などと考えておくことです。

　こうして考えておくことで、ボール球も見えるようになるのです。人々の協力関係について記述していなければ、「Ｃ（努力を要する状況）」だな、その場合には、こんな助言が必要だな、といった具合です。「Ａ（十分に満足できる状況）」を見付けたいなら、ど真ん中ストライクから探せばよいのです。例えば、例を挙げて具体的に説明できているとか、仕組みだけでなく目的まで表現しているなど、「Ｂ（おおむね満足できる状況）」として想定していたものを超えてくるものが「Ａ（十分に満足できる状況）」だからです。

　もう一つ大切な準備があります。それは「問いかけ」の準備です。ペーパーテストを考えてみましょう。必ず設問があります。その設問の趣旨に基づいて子供が解答を書くから教師が採点できるのです。

　「問いかけ」のないままに解答を求めるなら、何を表現してもよいことになります。問いかけがあっても、それがあいまいなら子供は何を表現したらよいかわからないでしょう。ですから、**「まとめを書きましょう」よりも、「○○と△△の関係についてまとめを書きましょう」と問いかけたほうが、また、「振り返りましょう」より、「××について振り返って、どんな意味があったのか書いてみましょう」のほうがよい**わけです。そのほうが、教師も意図的な評価ができるし、子供のイメージをもって反応（表現）することができるのです。「反応」としているのは、子供が何かに答えようと表現することを意味しています。

　このように**「学習評価を具体的にデザインする」とは、教師が子供の反応（表現）を受け止める準備をすることに**ほかなりません。本書には、これらの準備を様々な方法で実践している例が掲載されています。これらも一例にすぎず、評価のデザインは様々あると考えてください。

第2章

社会科アクティブ・ラーニングの授業展開

ACTIVE LEARNING

| 第3学年 全9時間 | [本小単元の目標] 自分たちの住んでいる身近な地域の様子を観察・調査などして具体的に調べ、特色ある地形、土地利用の様子、主な公共施設などの場所や働き、交通の様子、古くから残る建造物等などを自然条件や社会条件と関連付けて、地域の様子は場所によって違いがあることを考えるようにする。 |

【小単元】
学校のまわりのようす

●本小単元で付けたい力や育てたい態度

○ 地形や土地利用の様子、交通の様子、建物などの様子を調べて、地域の様子を地図記号を活用して平面地図にまとめる力

○ 位置や分布に着目して、土地利用などの様子を自然条件や社会条件と関連付けて考え、根拠や理由を明確にして地理的環境の特色を説明する力

資質・能力の育成イメージ

将来 地図情報を読みとったり地理的環境の特色を地図上にまとめたりして生活に役立てる

主な資質・能力

中学校
・事象の位置や分布に着目し、それらと人々の生活とを関連付けて地域の地理的特色をとらえる地理的な見方や考え方
・社会的事象を多面的・多角的に考察する能力や態度

高学年
・国土の自然などの様子について、空間(位置や広がりなど)に着目して調べる力
・人々の生活や産業と関連付けて、社会的事象の意味を考える力

中学年
・事実や情報を基にして社会的事象の特色や相互の関連を考える力
・身のまわりのことを観察し、そこから課題を見付け、予想を立て、友達と協力して解決しようとする態度

低学年 (生活科等)
身の回りのものを観察しながら、対象に意欲的に関わり、身近な地域の様々な場所に関心を高め、それらと人々の関わりに気付く。

地理的環境と人々の生活との関わりについての理解

社会科で育っていく子供たちの資質・能力

言語活動例

課題に沿って各種の資料を収集し、それらを比較・吟味して考察した結果やその過程を説明したり議論したりする。

問題を解決するために、必要な資料を収集し、友達の資料と比べながら考え、問題解決に向けて話し合う。

探検を通して自分がメモした情報を活用し、場所によって地域の様子が異なる理由を話し合う。

ひと・もの・ことなどについて気付いたことを絵カードなどに整理し、気付きを友達と伝え合う。

STEP 01 子供の思考をアクティブにする仕掛け

「具体的な調べを通して地域の特色や場所ごとの違いを考える」ことを通して、根拠を明確にして理由付けをしながら因果関係を説明させたい！

「つながりバブルマップ」を活用して、自分なりの根拠をもって、社会的事象の因果関係を明らかにする。

ALツール つながりバブルマップ 第8時

問「なぜ、にぎやかだと言えるのだろう」

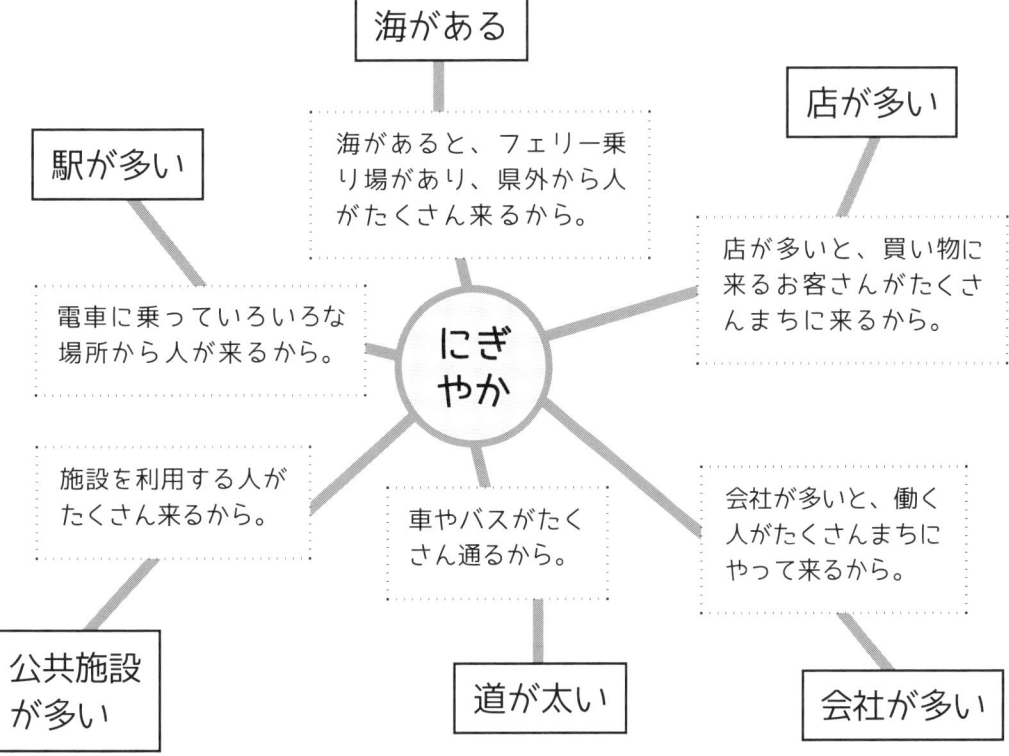

[特徴]
① 中心に特色を書く。その特色を生み出す原因をバブルのように、周りにどんどん書き出す。
② 子供たちは「にぎやか」と「海がある」等は何となく書けるが、それがどのようなつながりなのかをわかっていないことが多い。そこで、社会的事象間の関連を思考できるように、点線の四角につながりを書くようにする。
③ バブルマップに表現することで、友達との差異が明らかになり、社会的事象の意味や因果関係を深める対話が活性化し、協働的な学びが展開される。

第3学年・全9時間

STEP 02 本小単元の全体イメージ

● 評価規準

社会的事象への関心・意欲・態度	①学校の周りの地域の様子に関心をもち、意欲的に調べている。 ②学校の周りの地域の様子の特色やよさを考えようとしている。
社会的な思考・判断・表現	①学校の周りの地域の様子について、学習問題や予想、学習計画を考え見学カードに記述している。 ②土地利用の様子を地形的・社会的条件と関連付けたり、分布の様子を比較したりして、学校の周りの様子は場所によって違いがあることについて考え、わかりやすく説明している。

単元の展開

①問題をつかむ
学校のまわりの様子を調べて、となりの小学校の3年生に紹介しよう

学習計画を立てよう

第1時 学校のまわりを調べ、隣の学校に紹介するための学習問題をつかみ、学習計画を立てる。

・学校のまわりの様子について、知っていることを話し合い、白地図にまとめる活動を通して、学校のまわりの様子に関心をもち、学習問題を設定する。

[学習問題] 私たちの学校のまわりは、どんな様子だろう。探検して地図をつくり、隣の学校の3年生に紹介しよう。

②調べる
学校のまわりの様子を探検を通して調べよう

● 調べたことや体験したことをまとめよう

第2～6時 交通、公共施設、土地の高低、人の様子などの視点を決めて、東西南北の4コースを探検する。

・探検前に予想を立てる。
・探検中は、曲がり角のたびに白地図で自分の居場所を確認し、発見したことを記録していく。
・探検後は、友達と情報を交換し合い、共通の白地図にわかったことを整理し、絵地図を完成させていく。

言語活動の展開

生活科での学びを想起し、学校のまわりの「ひと・もの・こと」について知っていることを話し合う

教室に共通の巨大白地図を用意しておき、探検前の予想や探検後の情報交換を地図の上で行う

観察・資料活用の技能	①地図や写真などの資料を活用して、学校の周りの様子について必要な情報を集め、読みとっている。 ②調べたことを白地図に記入し、主な地図記号や四方位などを用いて絵地図などにまとめる。
社会的事象についての知識・理解	①学校の周りの特色ある地形、土地利用の様子、主な公共施設などの場所と働き、交通の様子、古くから残る建造物の場所と様子などを理解している。 ②学校の周りの地域の様子は場所によって違いがあることを理解している。

③考え・学び合う

学校のまわりはどうして場所によって様子が違うのかな？

●調べてわかったことを話し合おう

第7時 町探検を通して収集した情報をまとめ、新たな問いを設定する。

・絵地図を平面図に描き替え、気付いたことを話し合いながら新たな問いを設定する。
・学校の北東方面は「にぎやか」で学校の南西方面は「静か」であるということをまとめた白地図の情報から読み取り、新たな問い「どうして、北東方面はにぎやかで、南西は静かなのだろう」を設定する。
・問いに対して、根拠を明確にして自分なりの予想を立てる。

第8時 新たな問いを解決するために、探検で得た情報をもとに話し合う。　**本時**

・「つながりバブルマップ」を使い、因果関係を明らかにする。

「にぎやか」の理由を「つながりバブルマップ」で考え、整理する

④まとめ・生かす

学校のまわりの様子をまとめ、隣の学校の3年生に伝えよう

●学校のまわりの様子をまとめ、伝えよう

第9時 学校のまわりの様子をまとめる。

・調べたことを生かし、学校のまわりの様子をまとめる。

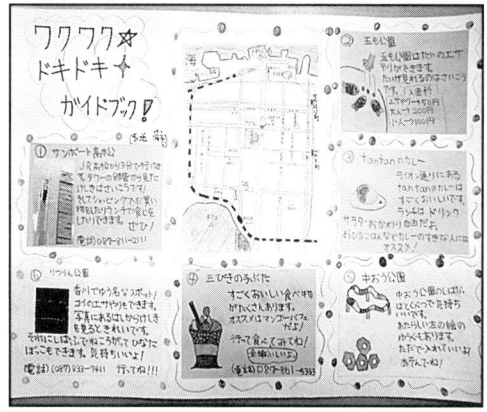

学校のまわりの様子をワークシートにまとめてとなりの学校にプレゼントする

第3学年・全9時間 | 031

STEP 03　本時のアクティブ・ラーニング・モデル

展開1　本時の問いを確認する

調査から見いだした問いを共有する

前時の学びを想起し、「どうして、北東方面はにぎやかで南西方面は静かなのだろう」という問いを共有する。次に、本時の見通しを立てる。

●実際の授業（教師Tと子供たちC）
- T　今日は何を調べるのだっけ？
- C　北東方面と南西方面の様子です。
- T　その様子をどうすればいいと思う？
- C　比べて違いをはっきりさせる。
- T　そうだね。でもどうやってはっきりさせようか？
- C　まず予想してみて、理由を考えればいいんじゃないですか？
- T　なるほど、それじゃあ学習問題は？

展開2　自分の考えをまとめる

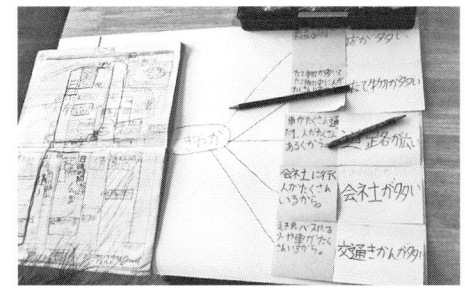

今までの調査をもとに、再構成する

「つながりバブルマップ」を使い、今までの学びを総合しながら個人で考える。

本時では、「どうして、北東方面がにぎやかなのか」という問いに焦点化して調べていく。

今まで積み上げてきた自分の白地図や、気付きをメモしたノート、集団で作成してきた巨大マップを見直しながら、「にぎやか」と「事象」の因果を明らかにしていく。

つながりバブルマップは、思考操作が可能になるように、付箋を用いる。「にぎやか」と関連する「事象」は黄色の付箋、「にぎやか」と「事象」の関連を意味付けるものは赤色の付箋を用いる。

ALツール活用のポイント　～主体的・協働的な学びを実現する内化と外化

「つながりバブルマップ」活用のポイント

①第2次の体験的・調査的な学びの重視

アクティブ・ラーニングで重要なのは、活発な学習活動と共にじっくりと知識を習得することである。本時のこの活動は、その前の探検を充実させておかなければ活性化しない。

②「なぜつながったか」の理由付けが重要

真ん中の「にぎやか」を「商店街」とつないだ場合、そこで終わりではなく、どうして、その2者がつながるかを記述させる。「お買い物に来る人がたくさん来るから」という理由を考えることが大切である。子供たちは、ただ何となく線をつなげがちだが、因果関係を明らかにしていく指導を大切にしたい。

③友達との違いを重視

ALツールを使うことで、自分の考えと友達の考えの共通点と相違点が可視化される。違いに着目し、対話を活性化することができる。

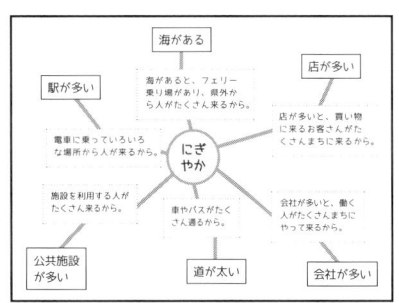

第8時

展開3 全員で話し合う

黒板上でみんなの意見を整理する

個の考えを全体で交流する。板書で「つながりバブルマップ」を描き、友達との共通点や相違点について議論する。

教師の役割として、子供の発言を板書上でまとめたり、子供同士の意見でズレが生じたときに、「本当にそうかな」「2つの意見はどっちも正しい？」など、根拠を明確する発問、ゆさぶりをかける発問などを行ったりする。

理由が明らかになった後、逆の特徴をもつ南西コースが「静か」な理由を考えるよう促す。北東コースで話し合ったことがすべて反転され、学校のまわりの特徴をつかむことができる。

展開4 本時を振り返り、次時を見通す

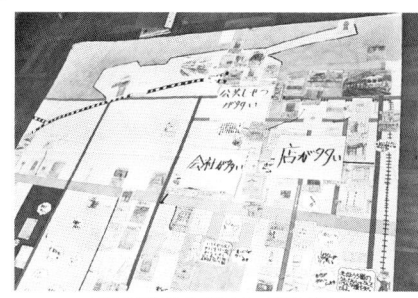
本時の学習を地図上で振り返る

●実際の授業（教師Tと子供たちC）
T 今日、わかったことは何だろうか。
C 特色には理由があることです。
T 単元を通して何ができるようになった？
C 地図を描くこと、読むことができたよ。
C 学校のまわりの様子を知ることができた。
T それを生かして何がしたい？
C 隣の学校の友達に知らせたい。
C 隣の学校のまちの様子も知りたいな。

最後に、小単元のゴールである「隣の学校の3年生に伝えよう」という課題達成のために、本時にわかったこと、考えたことを再構成し、表現物にまとめることを次時の目標に設定する。

板書例

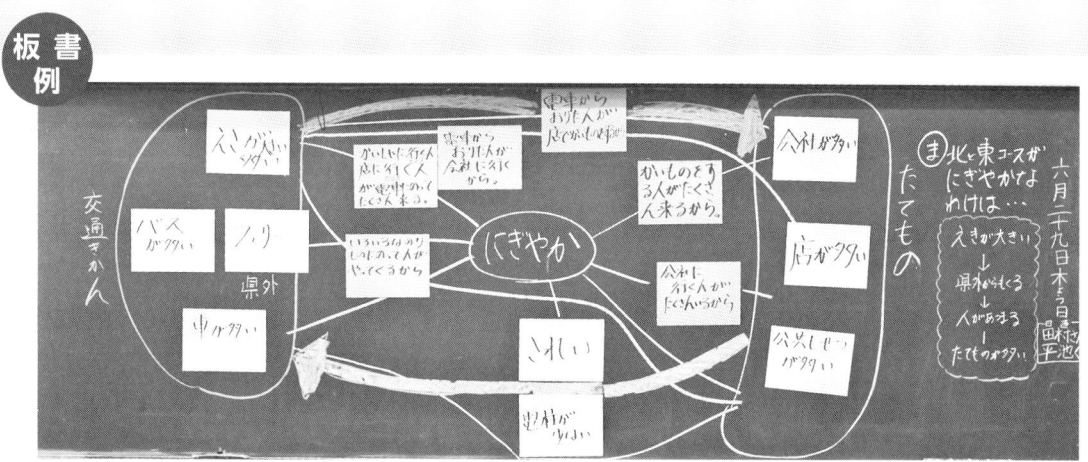

線一本にこだわり、「どうしてつながるのか」と発問をしながら、思考を深めていく。子供が手元で操作している付箋と同じ色を用意し、板書上で子供の対話を聞き、動かしながらまとめていく。

第3学年・全9時間 | 033

STEP 04　本小単元における授業の４つのデザイン

1　「問い」のデザイン

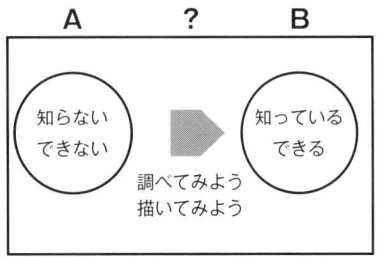
「ゴール掲示型」モデル

①**単元のはじめに、学校のまわりの白地図を配付**：単元のはじめに、学校のまわりの白地図を配付し、知っていることを描き込むように指示する。生活科を通して多少は知っているものの、地図に描くということは大変難しい。「思ったより学校のまわりのことを知らない」「地図がうまく描けない」という感覚から問いを生成させたい。できるようになりたい、もっと知りたいという欲求を促す問いのデザインである。

②**相手意識を加味する**：「学校のまわりのことを知りたい」「地図が描けるようになりたい」という欲求に、「誰かに伝えたい」という相手意識や目的意識をプラスさせることが効果的である。ここでは、他地域の小学生に伝えるという相手意識を設定する。次の単元の「市の様子」を学ぶ際、学校のまわりより広い地域に目を向けさせるための仕掛けにもなる。

③**調査を通して生まれる新たな問い**：探検を通して地図を整理していくと、場所によって違いがあることに気付く。そこで終わるのではなく、「どうして違いがあるのか」という深い問いを生成する。そうすることで、社会科が大切にする因果の関係に着目する子供を育成できる。また、深い問いを生成することで、今までの学びを再構成する思考を促すことができる。

2　「教材化」のデザイン

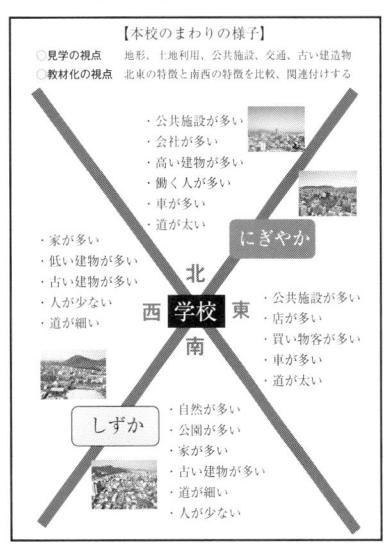

　本単元では、教師が地域の特色をあらかじめ教材研究しておくことが大切である。毎年必ず３年生が勉強する単元なので、学校に情報が蓄積されているはずである。前年３年生を担当された先生に聞いたり、基礎的な情報を得ておく。その上で、実際のフィールドワークを通して教材研究を深める。教材化の視点をもって買い物等に行くのも有効である。どの方向も特色が同じ学校というものはない。必ず、方角によって特徴が出ているはずである。

　本単元の実施校は、市の中心街にある。教材研究を通して、北と東に公共施設やビル、商店が多く、人が多く集まる地域、逆に南と西は高い建物や会社や店が少なく、家が多く、昼間は人通りがまばらな地域ということがわかった。街中の学校で一見同じ特色があるように見える校区でも、歩いてみると大きな違いがあるということが教材化の視点である。子供たちは、探検を通して、その特色に気付き、北東は「にぎやか」、南西は「静か」という子供らしい感覚的な言葉で特徴付けていた。

3 「協働的な学び」のデザイン

少し難しい課題の設定

協働的な学び
友達との「同じ」と「違う」を
行きつ戻りつしながら、考えへ

①個と集団の関係
協働的な学びにするために、学びを集団的にしてしまいがちだが、協働の条件として、個の学びの豊かさが重要である。そこで、探検の際には一人一人が地図を作成する。本時も、個で思考する時間を確保する。

②共通点、相違点の可視化
協働的な学びには、他者への関心が必要不可欠である。他者への関心は、自分と考えが共通する、異なるということが可視化されたときに生起される。そこで、可視化ツールを使用する。

③少し難しい課題の設定
一人で簡単に解決してしまう課題では協働は起こらない。そこで、本単元では、一人では難しく、複数の友達と協働すればできそうな範囲の問いを生成し子供と共有するように心掛ける。

4 「学習評価」のデザイン

評価規準	土地利用の様子を地形的・社会的条件と関連付けたり、分布の様子を比較したりして、学校の周りの様子は場所によって違いがあることについて考え、わかりやすく説明している。			
	A	B	C
評価基準	社会的な事象のつながりを面でとらえる。	社会的な事象のつながりを線でとらえる。	社会的な事象のつながりを点でとらえる。
	学校のまわりの特色「にぎやか」「静か」と関連する社会的事象を複数関連付け、それらのつながりを総合的に説明することができる。	学校のまわりの特色「にぎやか」「静か」と関連する社会的事象を関連付け、それらのつながりを説明することができる。	学校のまわりの特色「にぎやか」「静か」と関連する社会的事象を関連付けることが困難で、事象を個別に把握している。
子供の姿	北東コースがにぎやかなのは、たてもの（公共施設、店、ビル、会社）や交通（バス、タクシー、電車、船、太い道）が豊富だからだ。たてものや交通が豊富だと、たくさんの人がやってきてにぎやかになる。	北東コースがにぎやかなのは、公共施設が多いからだ。公共施設が多いと、そこに用事のある人がたくさん来るからにぎやかだ。	北東コースはにぎやかである。北東コースには、たてものがたくさんある。店がたくさんある。

本単元の思考・判断・表現を見取るルーブリック

ＡＬツールは、子供の思考が可視化されたものなので、貴重な評価資料にもなる。本単元では、評価規準を以下の３つの基準に分けてルーブリック風に設定した。

■評定Ｂの子供の姿
「北東コースがにぎやかなのは、公共施設が多く、たくさんの人が来るから」と、社会的な事象のつながりを線でとらえる姿をＢと評価した。

■評定Ａの子供の姿
「北東コースがにぎやかなのは、たてもの、交通が豊富で、たくさんの人がやってくるからである」と社会的事象のつながりを面でとらえる姿をＡと評価した。

■評定Ｃの子供の姿
社会的事象を関連的につなぐことができず、事象を個別に把握する姿をＣと評価した。Ｃの状況の子供には、バブルとバブルをつなぐ１本の線の意味を考えるよう助言した。

第3学年 全11時間

[本小単元の目標] 身近な地域で、生産の仕事について見学や聞き取りをして生産の特色や国内の他地域との関わりを調べ、地域の販売の仕事の工夫を自分たちの生活と関連付けて考えるようにする。

【小単元】
工場の仕事

●本小単元で付けたい力や育てたい態度

○ 地域に見られる仕事と自分たちの生活との関わりを考える力

○ 自ら計画を立てて見学や聞き取りなどの調査を行い、社会的事象について意欲的に追究しようとする態度

資質・能力の育成イメージ

将来 ものづくりの仕事の大切さを理解して、工夫や努力を積み重ねて、よりよいものを創り出す力

主な資質・能力

中学校
・調査したことや思考・判断したことを資料等を用いて説明したり議論したりする力

高学年
・我が国の産業の様子について調べた事実を整理し、産業と自分たちの生活との関わりを考える力
・よりよい社会をつくるために協働する人々の様子に共感する態度

中学年
・地域に見られる生産の仕事について、観点を明確にし、見学や取材などを通して調べる技能
・事象相互の関係に着目して、社会的事象相互の関連や意味を考える力

低学年（生活科等）
身のまわりのものを観察しながら、身近な地域の様子に関心を高め、それらと人々の関わりに気付くことができる。

社会の仕組みや働き（産業・経済）についての理解

社会科で育っていく子供たちの資質・能力

言語活動例

趣旨が明確になるように内容・構成を考え、社会的事象についての自分の考えを説明する。

調べた事実を、比較・分類して整理し、学習問題の解決に向けて話し合う。

見学調査を通して調べた事実を基に、地域の人々の活動と、自分の生活の関わりを話し合う。

地域の人やもの、場所などについて観察して気付いたことをカードに表し、友達と伝え合う。

STEP 01 子供の思考をアクティブにする仕掛け

学習内容を振り返ることを通して、事象への理解をより確かにし、子供に学習のつながりを意識させ、見通しをもって学習を進めさせたい。

▼ そこで…

学習計画表を活用し、本時の学習を振り返りながら、わかったこととこれから調べることを確認して学習を進めていく。

●ALツール 学習計画表 [第2時〜]

問「どのようにして、とうじきをつくっているのだろう」

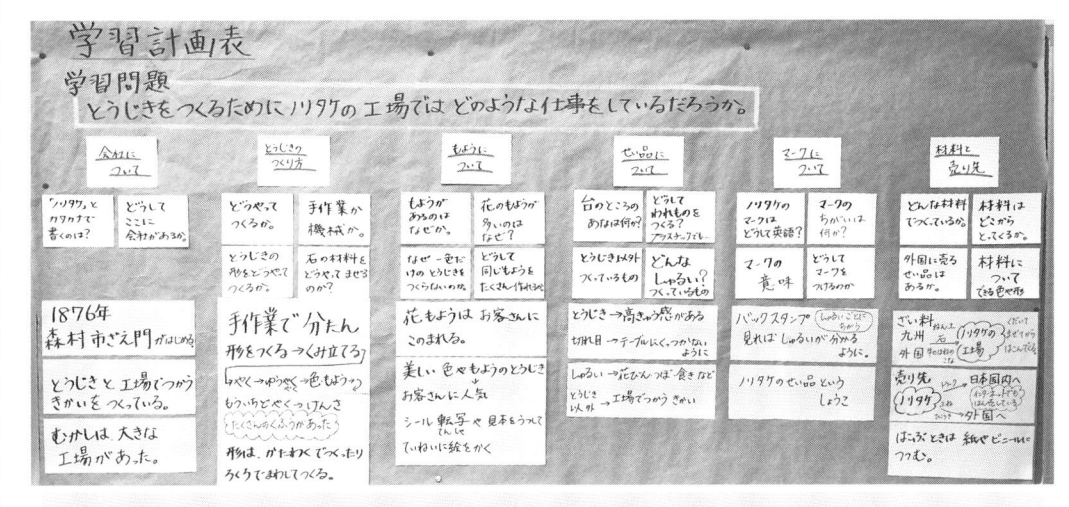

下段には、追究が進むにつれてわかった事実を書いていく。

[特徴]
①子供とともにつくった学習計画を端的に表にまとめ、学習問題を書く。
②子供の疑問を分類して追究の視点をつくる。
③追究していく順番を話し合わせ、決まった順番を明示する。
④子供の予想を合わせて記入したり、学習が進むごとに明らかになった事実を書き足したりしていく。（上の写真では、上段に疑問を記入、学習が進むごとに下段に「わかった事実」を記入していく）
⑤学習を振り返ったり、これからの学習の見通しをもったりするときに参照し、明らかになった事実や追究が不足していることを確認する。

STEP 02 本小単元の全体イメージ

● 評価規準

社会的事象への 関心・意欲・態度	身近な地域で行われている生産に関する仕事を調べ、身近な地域の人々の仕事と自分たちの生活との関わりに関心をもっている。
社会的な思考・判断・表現	身近な地域の人々の生産の仕事、それらの仕事に携わっている人々の工夫について、学習問題や予想、学習計画を考え、表現するとともに、自分たちの生活と関連づけて考え、適切に表現している。

単元の展開

① 社会を見つめる
給食の食器はどのようにしてつくられているのかな？

【単元の展開】 問題をつかみ学習計画を立てよう

第1・2時 学区の陶磁器工場に関心をもち、学習問題をつくる。
・給食の食器や学校に飾ってある花瓶などの実物と陶磁器の原料の写真などの資料から、学区の陶磁器工場の陶磁器生産について疑問を出し合い、学習問題を設定する。

[学習問題] 学区の陶磁器工場ではどのようにして陶磁器をつくっているのだろうか。

第3時 学習問題の答えを予想して、学習計画を立てて学習計画表にまとめる。
・疑問を分類して調べる視点をまとめ、学習計画表を作成する。

【言語活動の展開】
「調べたいこと」について予想を話し合い、調べる順番や方法を決めていく

② 調べる
陶磁器工場を見学して調べよう

● 調べたことをまとめよう

第4~8時 追究の視点にしたがい陶磁器工場を見学する。
・生産の工程や工場で働く人の工夫を、見学カードに記録していく。
・あらかじめ質問内容を考えておき、働く人にインタビューする。
・見たことや聞いたことを記述し、見学記録を整理してまとめる。

見るだけではわからないことも、インタビューを通して明らかにし、問題解決を図る

038 | 工場の仕事

観察・資料活用の技能	身近な地域の人々の生産の仕事の様子、それらと自分たちの生活との関わり、仕事の特色や国内の他地域との関わりなどを、見学や聞き取りをして調べ、その結果をグラフや地図などにまとめている。
社会的事象についての知識・理解	身近な地域には生産に関する仕事があり、それらが自分たちの生活を支えていることや、仕事の特色や国内の他地域と関わりがあることを理解している。

③考え・学び合う

どうしてこんなにたくさんの工夫をしているのかな

●調べてわかったことを話し合おう

第9・10時 見学で明らかになったことを話し合い整理する。 **本時**

・学習計画表や学習の足跡（これまでの学習をまとめた掲示物）を手がかりに調べた事実を振り返る。
・振り返った事実からたくさんの工夫があることを確認し、本時の問い「どうしてこんなにたくさんの工夫をしているのだろう」を設定する。
・問いに対して、調べた事実を基に自分なりの予想をし、話し合う。

学習計画表や学習の足跡をもとに、調べた事実を振り返り、新たな問いについて話し合う

④まとめ・生かす

陶磁器づくりについてまとめ、そのよさを伝えよう

●陶磁器づくりの様子をまとめ、伝えよう

第11時 陶磁器づくりの様子をまとめる。

・調べたことを生かし、学区の工場で行われている陶磁器づくりのよさをまとめる。

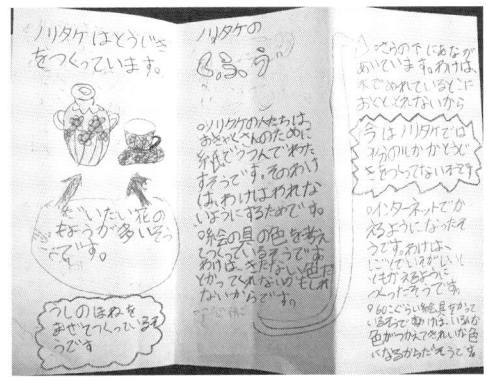

陶磁器をつくる工場のよさをパンフレットにまとめて、周りの人に伝える

第3学年・全11時間 | 039

STEP 03　本時のアクティブ・ラーニング・モデル

展開1　本時の問いを確認する

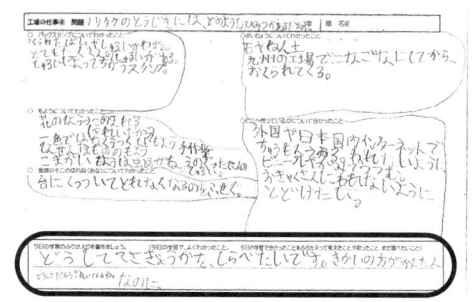

前時の振り返りから意図的に指名

前時の学習を振り返り、「どうしてたくさんの工夫をしているのだろう」という問いを共有する。

●実際の授業（教師Tと子供たちC）
- C　この前は「N社の陶磁器にはどのような秘密があるのだろう」という学習をしました。
- T　そうでしたね。振り返りを発表しましょう。
- C　機械でつくるほうが簡単なのに、どうして手作業をしているのかと思いました。
- C　細かい作業を丁寧にするためだと、N社の人が言っていました。
- T　手作業をするのは働く人の工夫と言えるね。
- C　工夫は、ほかにもありました。
- C　どうしてそんなにたくさんの工夫をしているのかな？

展開2　自分の考えをまとめる

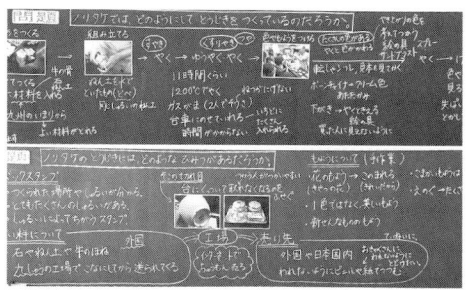

学習の足跡（板書を掲示したもの）をもとに考える

学習計画表や学習の足跡（これまでの板書を掲示物にしたもの）、学習プリントを手掛かりに、これまでの学習を総合しながら、自分の考えをまとめる。

本時では、「N社の人はなぜたくさんの工夫をしているのだろう」という問題に焦点化して考えていく。

これまでに、見学や聞き取りをして調べた事実の中から、働く人の工夫と、工夫をしているわけをプリントにまとめ直していく。工夫しているわけを考えるときには、調べた事実をもとにするようにさせる。

ALツール活用のポイント　～主体的・協働的な学びを実現する見通しと振り返り

「学習計画表」と「学習のあしあと」をセットにして活用する。

①学級全体で学習計画を共有
協働的な学びのために、みんなで追究する方法や内容を決めて「学習計画表」として共有しておく。こうして学習に見通しをもてば、主体的に学習を進めていける。

②振り返りから見通しへ
追究して明らかになったことを「学習計画表」に書き足していく。また、板書の写真などを利用して掲示物（学習のあしあと）を作成して振り返らせることで、次に追究する内容についての見通しをもたせることができる。

③単元の終末では
「学習計画表」と「学習のあしあと」を見直して、追究して明らかになったことを確認する。そのことをきっかけに、学習のまとめをしたり、学習内容を生かした話合い活動を仕組んだりする。

＊

以上のように、見通しと振り返りをしっかりと行うために、「学習計画表」や「学習のあしあと」を活用していくことで、子供自身が学びの深まりを自覚しやすくなるので、社会的事象に対する理解をより確かなものにできる。

第9時

展開3 学級全体で話し合う

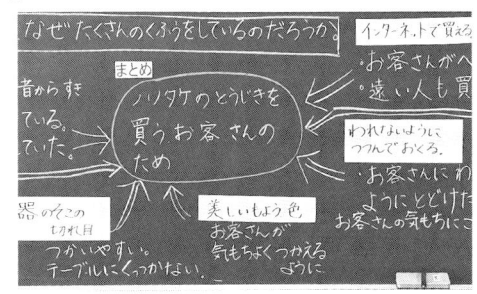

工夫とそのわけを板書で整理する

調べた事実を根拠にして、工夫とそのわけを発表させる。一つの工夫に対してどんどん付け足しをさせ、様々な事実を根拠にしながら、理由を述べていくことで見方が広がる。

教師は、付け足しをさせたり、ほかの子供に話を振ったりして、コーディネーター役に努める。また、まとめを意識しながら板書に整理していく。

工夫がわかったところで、話合い全体を見直し、「つまりどのようなことが言えるのか」を考えさせることで、「お客さんのためによい製品をつくろうとしている」ことを考えさせることができる。

展開4 本時を振り返り、次時を見通す

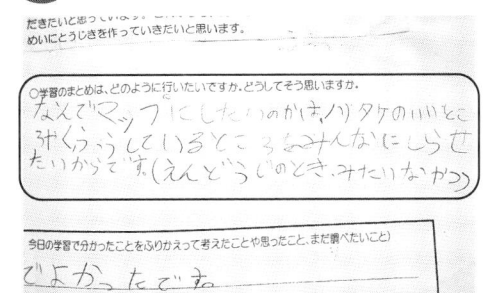

まとめの仕方を考えさせる

子供の理解が深まってくると、「パンフレットにまとめたいです」などという子供が現れるので、その発言をうまくとりあげる。

●**実際の授業（教師Tと子供たちC）**
　T　みんなはどのようにまとめたい？
　（C　マップ、新聞、などと言います）
　T　どうして、そのようにまとめたいのですか？
　C　N社が、とってもすごいことがわかったからみんなに知らせたいです。
　C　わたしも、N社は近くにある自慢できる工場だから、宣伝したい。

このように、まとめたいわけを言わせることで、子供の関心・意欲・態度を高める。

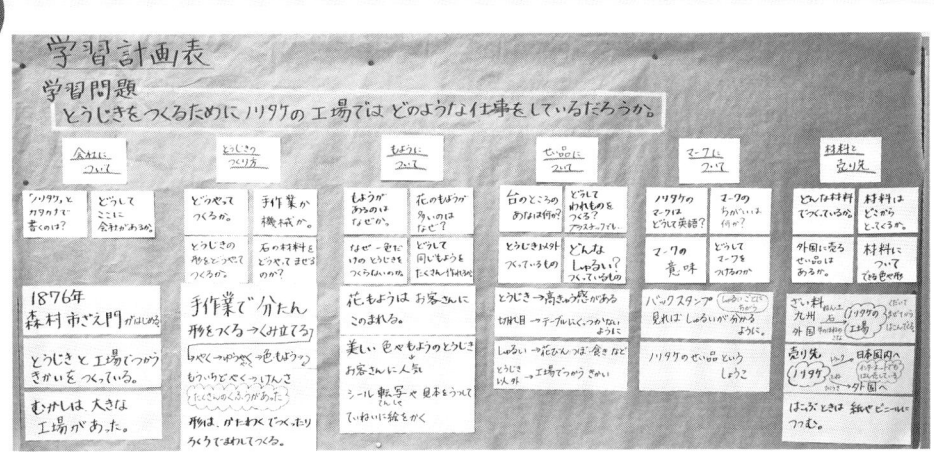

計画例

学習計画を常掲できるようにする。調べてわかったことなどを短い言葉で書いていく。追究後は学習のあしあととして活用することもできる。

第3学年・全11時間 | 041

STEP 04 本小単元における授業の４つのデザイン

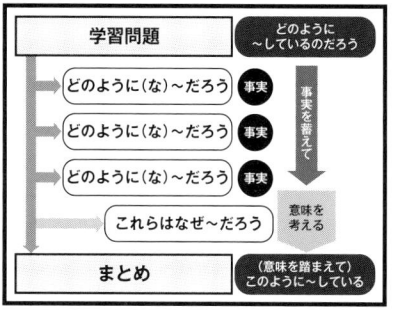

1 「問い」のデザイン

「どのように型」モデル

①**子供たちの生活の中から授業をはじめる**：給食で使っている食器は学区にある陶磁器の会社がつくっている。この事実から、教材がぐっと子供たちに近付く。原料の写真と実物の食器を提示し、石や粘土からどうやって食器ができるのだろうかという疑問を抱かせる。

②**複数の資料から疑問をつなぐ**：実物の食器、原料の写真に加えて、本校の応接室で飾られている花瓶や来客用に使用しているティーカップなど、様々な種類の陶磁器を提示し、じっくりと観察させる。そこから、「どれくらいの種類の陶磁器をつくっているのだろう」「学区に原料がとれるところなんてあったかな」「食器の底の台の部分には、どうして切れ目があるのだろう」など様々な疑問が生み出される。それらをまとめて学習問題を設定する。

③**振り返りを通して理解を確かなものにする**：見学をして情報を共有しながら、わかったことをまとめていく。そこで、これまでの学習を振り返り、生産に関わるたくさんの工夫をしている理由を考えさせることにより、社会的事象の意味や自分たちの生活との関わりを考えさせ、表現させていくことができる。

2 「教材化」のデザイン

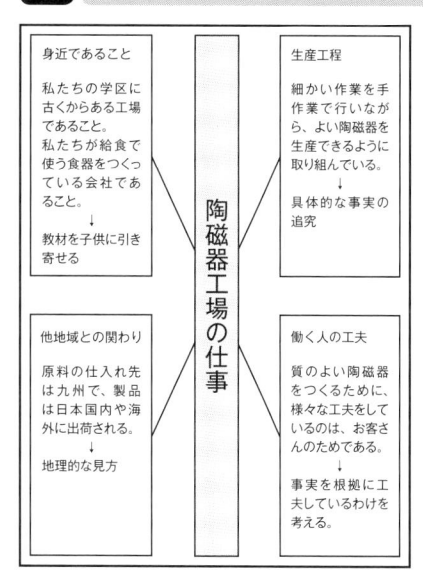

「陶磁器工場の仕事」の教材化

　本単元は、給食の食器、学区の工場といった子供の生活の中から教材を取り上げていることが大きなポイント。子供たちは教材を身近に感じ、自分たちの生活と工場の仕事との関わりを考えていくようになる。提示した資料からたくさんの疑問をもたせることができた。授業の前には工場見学の下見を行い、どのような事実を調べることができるか、聞き取ることができるかについて、情報を集めておく。

　工場見学では、陶磁器生産の様子を見てたくさんの工夫を見付けることができるが、その様子は「機械でつくっている」という予想と異なり、一つ一つの細かな手作業と、機械を使って行う作業の両方で生産されていた。

　子供たちは、見学してわかった事実を振り返り、その理由を考えていくことで、工場で働く人々が消費者のために品質のよい陶磁器を丁寧に生産していることや、こうした働きのおかげで私たちが品質の良い製品を使うことができることをとらえていた。

3 「協働的な学び」のデザイン

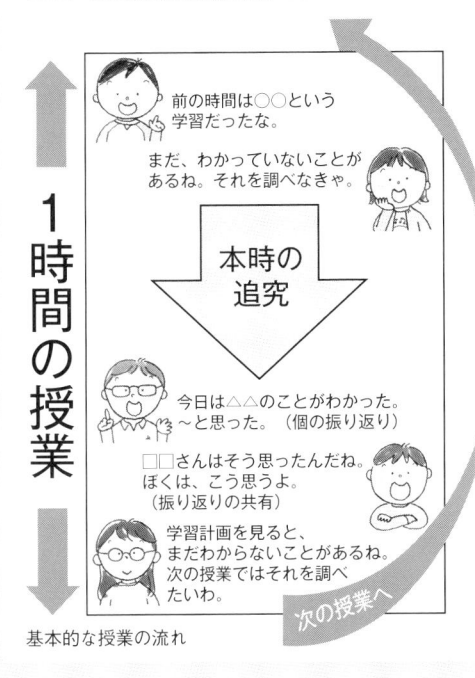

①個の振り返りと集団の振り返り

授業の最後に行う振り返りは、まず個人でわかったことや考えたことを記述。その後、振り返りを交流することで、新たな考えに気付いたり、学習の見通しをもったりすることができる。

②学習計画の可視化

学習計画表の作成により、学習計画を可視化する。単元の途中で学習計画表を見ながら振り返ることで、学習によって明らかになったことと、まだわからないことを学級全体で確認しながら学習を進めていくようにする。

③振り返りからはじまる1時間の授業

本学級では「この前は○○という問題を考えました」と授業の冒頭での発言は決まりごととしている。その後、前時の振り返りを発表し、それを本時の問題につなげていくように心がけている。

1時間の授業

- 前の時間は○○という学習だったな。
- まだ、わかっていないことがあるね。それを調べなきゃ。
- 本時の追究
- 今日は△△のことがわかった。～と思った。（個の振り返り）
- □□さんはそう思ったんだね。ぼくは、こう思うよ。（振り返りの共有）
- 学習計画を見ると、まだわからないことがあるね。次の授業ではそれを調べたいわ。

次の授業へ

基本的な授業の流れ

4 「学習評価」のデザイン

時数	学習内容	指導上の留意点	評価の観点
1	○身近な地域にある工場	身近な工場で作られている製品と自分の生活とのかかわりを考え、学習問題をつくるようにする。	関 思
2	○学習計画を立てる	工場で働く人の仕事について調べたいことや予想を話し合い、原料や工程、働く人などに目を向けるようにして学習の計画を立てる。	思
3 4 5	○工場の見学	見学メモに、事前に見てくることや聞いてくることをまとめ、視点を明らかにして見学ができるようにする。	技
6	○見学記録の整理	見学記録を整理してまとめるようにする。	技
7 8	○工場の仕事についてわかったことや考えたこと	工程の写真を提示し、生産の様子を具体的に振り返るようにする。何度も厳しい検査をしたり、同じ製品をいくつも作っていたりしていたことなどを振り返り、働く人が良い製品を効率よく作っていることをとらえるようにする。	知
9	○働く人の工夫	品質の良い製品を自分たちの生活の中で使うことができることや、働く人の工夫と自分たちの生活との関わりを考えるようにする。	思
10 11	○パンフレットをつくる	学習のまとめとして、パンフレットを作成する。パンフレットを作る目的や、どのような内容にするとよいかを話し合うようにする。	思 技

各時間における評価の観点

●振り返りを様々に評価する

授業の終わりに書く振り返りは、子供の思考や理解が表出する貴重な資料である。ただ感想を書かせるのではなく、書かせる際に「○○について、どのような工夫をしているのかをまとめて書きましょう」「今日の学習を終えて、○○はこの先どうなっていけばよいと思いますか」など、書く内容を指示する。

例えば、左の表の第7時では「工場の人はどのような仕事をしていたか、わかったことと考えたことを書きましょう」という具合である。このようにして、本時で目指す評価の観点に沿って評価できるようにする。そのためには、評価の観点を焦点化して、評価規準を設定する。

1単元の中で、偏りなく評価できるよう、指導計画とともに評価計画も立てる。

第3学年　全8時間

[本小単元の目標] 古くから残る道具やそれらを使っていたころのくらしの様子について、調査したり古い道具の使い方を教わったりしてワークシートや年表にまとめるとともに、人々の生活の変化や人々の願いや知恵を考えるようにする。

【小単元】
昔の道具

●本小単元で付けたい力や育てたい態度

〇 道具の変化とくらしの変化について必要な情報を集め、読み取り、ワークシートや年表などにまとめる力

〇 道具の変化とくらしの変化を関連付けたり、古い道具を使っていた昔のくらしと今のくらしとを比較したりして、人々の願いを考え、適切に表現する力

資質・能力の育成イメージ

将来　歴史的事象を読み取ったり、学んだことを生かして総合的に考えたりして我が国の歴史や伝統のよさに気付く力

主な資質・能力

中学校
・伝統的な生活・文化が変容していることなどについて考察する力
・歴史に対する興味・関心を高め、様々な資料を活用して歴史的事象を多面的・多角的に考察する力

高学年
・歴史的事象について必要な情報を集めて読み取り、時期や時間の経過に着目し、まとめる力
・社会の変化や人々の願いなど、様々な事実を関連させて考える力

中学年
・身近な社会的事象を、時期や時間の経過に着目して調べて考える力
・過去の人々の工夫や努力を踏まえて、現在やこれからの地域社会や自分たちの生活について考えようとする態度

低学年（生活科等）
・自分と身近な人々や地域の様々な場所などとの関わりに関心をもち、地域のよさに気付き、愛着をもつ。

（縦書き）社会科で育っていく子供たちの資質・能力／歴史や伝統と文化についての理解

言語活動例

追究した過程や考察の結果を、地図や年表を活用して表現したり、事象間の関連を互いに説明したりする。

人物の働きや代表的な文化財などを調べてわかったことや考えたことを文章や関係図で表現する。

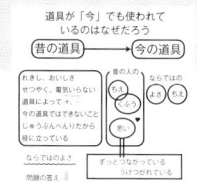

具体的に調べたことからわかったことや考えたことを発表したり、文章に表したりする。

気付いたことを言葉、絵、動作、劇化などで表現し、友達と伝え合う。

STEP 01　子供の思考をアクティブにする仕掛け

調べたことを基にして、道具の変化とくらしの変化を関連付けさせたり、昔のくらしと今のくらしとを比較させたりして、思考・判断したことを友達にわかるように表現させたい！

▼そこで…

追究する過程で「道具の進化キーワード」をみんなで集め、それらを活用させ、思考・判断したことを適切に表現させる。

ALツール　道具の進化キーワード　[第6時]

問「それぞれの道具の共通点は何だろう」

| 速い（スピード） | 安全 | 自動・楽ちん | 持ち運べる | いつでも |

| めんどうでない | たくさん | 正かく | かんたん |

など

[特徴]
① 個々が追究してきた昔の道具について紹介し合わせ、共通の年表に道具の移り変わりを表現させる。
② 変化してきたそれぞれの道具から多くの道具に共通している変化について考えさせ、「道具の進化キーワード」として表現させる。
③ 文章ではなくキーワードとして表現させることにより、大切にさせたいことを共通理解でき、この後の地域の人々の思いや知恵に気付く学習でも生かされ、話合いが活性化される。

第3学年・全8時間　｜　045

STEP 02　本小単元の全体イメージ

●評価規準

社会的事象への 関心・意欲・態度	①古くから残る道具やそれらを使っていたころのくらしの様子に関心を持ち、地域のくらしの変化について意欲的に調べている。 ②地域のよりよい発展を考えようとしている。
社会的な思考・判断・表現	①地域の人々のくらしの変化について学習問題や予想、学習計画を考え表現している。 ②道具の変化とくらしの変化を関連付けたり、今と昔のくらしの様子を比較したりして、地域の人々のくらしの知恵を考え、わかりやすく表現している。

単元の展開

①問題をつかむ

昔の人は、道具をどう使って、どんな生活をしていたのだろう

単元の展開

学習計画を立てよう

第1〜2時　昔の道具の使い方について実感を伴って調べ、その道具を使っていたころのくらしに着目して学習問題をつかみ、学習計画を立てる。

・昔のこたつに触ったり使ったりすることで、昔の道具に関心をもち、気付いたことや知っていることを話し合い、学習問題を設定する。
・学習問題を解決するための学習計画を立てる。

［学習問題］昔の人たちは道具をどのように使って、どのような生活をしていたのだろう

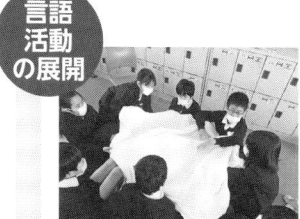

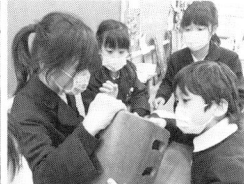

言語活動の展開

諸感覚を使い、昔のくらしに思いを巡らせ、気付いたことを紹介し合う

②調べる

昔の道具の使い方やその当時のくらしの様子を調べよう

●調べたことや体験したことをまとめよう

第3〜5時　昔の道具について調べ、わかったことや考えたことをまとめ報告し合う。

・昔のくらしの様子がわかる写真や絵を基に、個々で調べる道具を決め、図書の本を使ったりインタビューをしたりして調べる。
・調べたことを「使い方」「今はどんな道具か」「使っていた時代」などの観点でワークシートにまとめる。
・友達と情報交換をし合い、共通の年表に整理する。

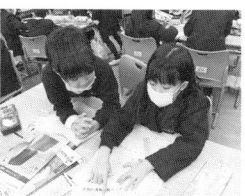

ワークシートや年表を活用し、わかったことや考えたことを情報交換する

観察・資料活用の技能	①古い道具について図書室の本を使ったり、インタビューをしたりしながら調べ、地域の人々のくらしの変化について必要な情報を集め、読み取っている。 ②調べたことをワークシートや年表などにまとめている。
社会的事象についての知識・理解	①昔の道具やそれらを使っていたころの地域の人々のくらしの様子を理解している。 ②地域の人々のくらしの変化が、人々の願いや知恵によるものであることを理解している。

③ 考え・学び合う
多くの道具に共通している変化について考えよう

● 調べてわかったことを話し合い、まとめよう

第6時 ワークシートや年表にまとめた昔の道具の情報から、その道具に込められた地域の人々の思いや知恵について思いを巡らし、大切なことを考える。　　**本時**

・個人のワークシートや共通の年表に整理した情報を基に、人々の思いや知恵に思いを巡らしながら大切なキーワードを出し合う。

道具の進化キーワードを出し合わせ、そのキーワードを使いながら本小単元のまとめをする

④ まとめ・生かす
昔の道具が今でも使われているのはなぜだろう

● 新たな問いをつかみ、深く考えよう

第7時 道具について見る視点を変え、新たな問いを設定し、解決するために追究してきた情報を基に話し合う。

・道具が進化してきたことでくらしが豊かに変化してきたのに、現在でも大切に使われ続けている道具があることに気付かせ、新たな問いを設定する。

[新たな問い] 道具は進化しているのに、昔の道具が今でも使われているのはなぜだろう。

第8時 道具に込められた地域の人々の思いや知恵についてまとめる。

・調べたことを生かし、道具に込められた地域の人々の思いや知恵をまとめる。
・トンネル型に板書し、道具に込められた地域の人々の思いや知恵に気付かせる。

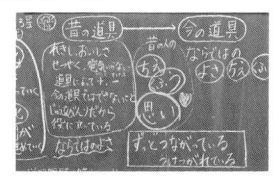

地域の人々の思いや知恵を関係図にする

第3学年・全8時間 | 047

STEP 03 本時のアクティブ・ラーニング・モデル

展開1 本時の問いを確認する

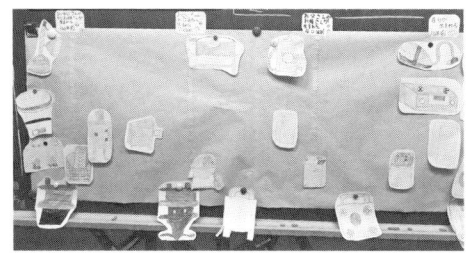

道具の変化に着目して気付きを発言させる

　年表を見ながら、これまで調べてきてわかった道具の変化を見つめさせる。気付いたことや感想を述べさせ、「道具がどのように変わってきたのだろう」という問いを共有する。

●**実際の授業（教師Tと子供たちC）**
- T （これまで調べ、整理してきた道具年表を提示する）自分が調べた道具や、友達が調べた道具を見て気付いたことはないかな。
- C 私が調べてきた道具も変化しているけど、友達が調べた道具も変化しています。
- C 確かに、道具が変わってきている。
- T じゃあ、それぞれの道具がどのように変わってきたのかな。

展開2 自分の考えを表現していく

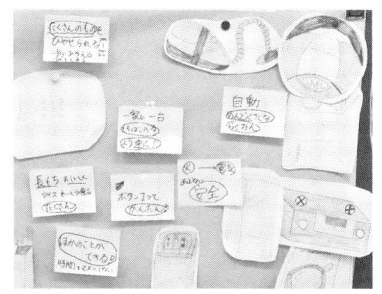

短い言葉でカードに表す

　自分が年表に表した道具について、使い方や道具がどのように変化し、どのようによくなったかについて具体的に説明する。そのよくなったことを、教師が短い言葉でカードに書き、年表に貼り付けていく。

●**実際の授業（教師Tと子供たちC）**
- C 私はアイロンについて調べました。炭火から電気に変わったので温度の調節が簡単にできるようになりました。
- C 使えるようになる時間も短くなったよ。
- T 「簡単に」「時間がかからない」ということがよくなったところだね。黒板に貼っておこう。

ALツール活用のポイント 〜主体的・協働的な学びを実現する内化と外化

「道具の進化キーワード」活用のポイント

①諸感覚を生かした体験的な学び

　アクティブ・ラーニングで必要なことは、社会的事象に対して興味・関心をもち、自分のこととして問いを解決しようとする学習態度である。

　本単元においていえば、昔のこたつを使って温まってみたり、七輪を使って餅を焼いてみたりするなど、諸感覚を使った体験的な学びが大切である。その体験があるからこそ「何だろう」「どうしてだろう」という、より自分から解決していこうとする自分事となった問いが期待できる。

②友達との共通点や相違点を探る活動

　ALツールを使うことで、大切なことを短い言葉で効率よく効果的に相手に伝える技能が身に付く。また、友達との共通点や相違点も自然と見付けやすくなり、対話を活性化することができる。

③子供も教師も拠り所となる

　まとめや感想を書く際、子供たちはキーワードを拠り所として書きはじめる。教師が子供を見取り、指導に生かす際にもこのキーワードを拠り所として振り返りをさせたり評価をしたりすることができる。すなわち、子供たちにも教師にも有効な手立ての一つである。

第6時

展開3 全員で問いを深め合う

みんなでキーワードを出していく

個々が持ち寄った道具の「変化」と「よくなったこと」が視覚的にわかるようにする。そして、多くの道具に共通している「よくなったこと」を「道具の進化キーワード」として明確に示す。

●実際の授業（教師Tと子供たちC）

T 様々な変化が見えてきたけど、みんなが調べた道具の変化の「共通点」は何だろう。
C どの道具も昔より「はやく」できるよ。時間がかからないよ。
C 掃除機も冷蔵庫も、一度に「たくさん」ごみを取ったり、ものを冷やしたりできるよ。
T 確かに「はやく」「たくさん」は、みんなに共通すると言ってもいいね。

展開4 本時を振り返り、本小単元のまとめをする

道具によって人々の生活がどのように変化したかをまとめる

●実際の授業（教師Tと子供たちC）

T たくさんの進化キーワードが出てきたね。
C 今の道具はだいたい入っているね。
T このキーワードのように道具は進化してきて、今の道具になっているのだね。使っている人の生活は、どのように変化してきたかな？
C 道具と同じように変わってきたよ。
C 楽な生活に変わってきたよ。今は昔よりかなり楽だよ。
（便利な生活。楽しい生活。なぜなら……）

最後に、道具の進化が人々の豊かな生活につながったということを、自分の言葉でまとめさせる。

板書例

自分や家族が生まれたころの区切りを年表に示し、時期や時間の経過に着目する見方ができるように配慮する。また、道具の変化とともに生活が便利になっている感覚を習得させるために、共通の年表を用いて、自分だけでなく友達が調べてきた道具を集めて一目でわかるようにする。

STEP 04 本小単元における授業の4つのデザイン

1 「問い」のデザイン

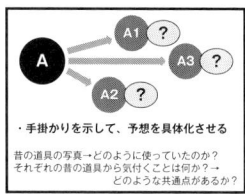

①問題をつかむ場面で体験的な学習を行う

　子供たちにとって、諸感覚を働かせて実際に触れることが、社会的事象をより自分のことにさせていく。体験させて高まった興味・関心から「ほかにはどのような道具をどのように使っていたのか」という問いにつなげた。

②考え・学び合う場面で友達と共に練り合う

　子供たちが調べてきた道具の情報を整理していくと、それぞれの道具に地域の人々の思いや知恵がつまっていることに気付く。「どのような共通点があるか」という問いを生成することで、これまでの学びをさらに深く追究させることができる。

③新たな問いを生み出し、さらに深く追究させる

　道具の進化が人々のくらしを豊かにしてきたことを学んだ子供たちに、昔も今も変わらず使われ続けている道具(ほうきや七輪など)を提示する。「今でも使われ続けるのはなぜだろう」という問いが生成され、地域の人々の道具に対する思いを深く考えることができる。

・手掛かりを示して、予想を具体化させる
昔の道具の写真→どのように使っていたのか?
それぞれの昔の道具から気付くことは何か?→
どのような共通点があるか?
「ヒント掲示型」モデル

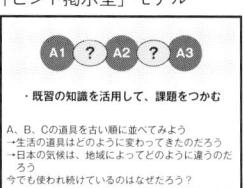

・既習の知識を活用して、課題をつかむ
A、B、Cの道具を古い順に並べてみよう
→生活の道具はどのように変わってきたのだろう
→日本の気候は、地域によってどのように違うのだろう
今でも使われ続けているのはなぜだろう?
「クイズパズル型」モデル

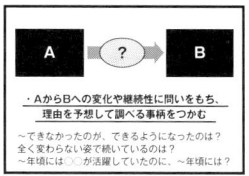

・AからBへの変化や継続性に問いをもち、
理由を予想して調べる事柄をつかむ
〜できなかったのが、できるようになったのは?
全く変わらない姿で続いているのは?
〜年頃には○○が活躍していたのに、〜年頃には?
「トンネル型」モデル

2 「教材化」のデザイン

諸感覚を使った体験学習　年表を使った時間軸の概念の獲得
↓
地域の人々
↓
道具の変化に込められた人々の願いや知恵

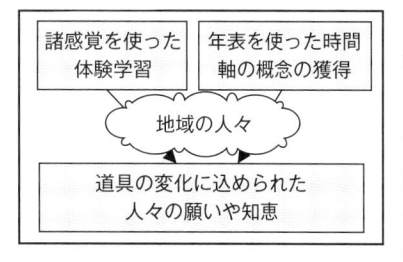

　本小単元では、生活に欠かせない「道具」を教材化している。私たちの生活を豊かに、便利にしている道具が昔はどのようなものだったのか。今では見ることができない(見ることが少なくなった)ものなので、それを知る人たちに聞いたり一緒に使ったりする中で、道具の移り変わりが人々の生活を豊かにしているのだと感じ取らせることが大切である。寒い中、洗濯板を使う体験や七輪を使ってお餅を焼く体験などを通して、昔の道具を使うコツを知ることや、思いどおりに使いこなせない大変さを体感することが、その後の学習の深まりにも影響してくる。お話を聞かせていただいたり、一緒に活動していただいたりする人たちは、地域の人たちで、なおかつ子供たちにとって身近な人であれば言うことはない。

　また、歴史的事象を教材としてはじめて扱う大切な小単元である。道具の変遷を数字だけで○年前と表すだけでなく、今の時代(学習者の子供時代)に加え、子供たちの保護者、またはご協力いただいた地域の人たちの子供時代を道具の変化と共に年表に表していくことが、時期や時間の経過に着目する見方を獲得する大切な活動となる。この見方が地域の発展に尽くした人や我が国の歴史など、歴史的事象を学ぶ基礎となる。

3 「協働的な学び」のデザイン

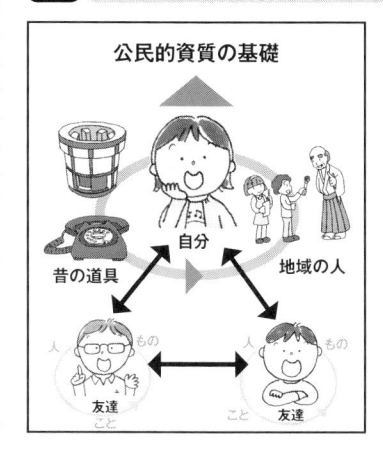

①道具の変化の「共通点」を可視化する

協働的な学びには、個の学びの豊かさが必須である。しかし、一人一人が思い思いに追究していくと、個の学びの差が開いてしまいがちである。そこで、「道具の進化キーワード」として、学級集団でまとめていく際、個の学びをもち寄って情報を共有化し、個が調べてきた道具の変化の「共通点」を探っていく。一人の学びでは気付かなかったことや深められなかったことも、友達同士でもち寄れば、練り合うことが可能になる。そのような協働的な学びが、公民的資質の基礎となり得る。

②もの・こと・人との関わりを重視する

協働的な学びといっても友達と一緒に活動するといった狭義のものだけではない。昔の道具に触れ、友達や地域の人たちと共に昔の道具を使ってみる。使う中でどのように使うのかを自分で想像してみたり、友達と相談してみたり、地域の人に教えてもらったりする。これまで使ったことのないものを使ってみることで新たな感動を覚えたり、楽しさやそのよさを感じたりする。このようなもの・こと・人との関わりがあってこそ、学習を深めることができる。

4 「学習評価」のデザイン

①評価方法について

体験的な学習をしている場面は、主体的に活動に取り組んでいるように見えてしまう。しかし、子供たちの内面に根ざしているものを評価し、子供の成長を促したいものである。そこで、わかったことや考えたことなどを学習感想としてノートに記述させ、残していくようにする。授業中の発言や活動の様子と合わせ、見取ることが大切である。「道具の進化キーワード」で出てきたものを使えているかどうかも評価規準として取り入れる。

②評価場面について

子供たちの成長が表れる場面を想定し、上記の方法で評価する。本小単元では、学習問題を設定する場面（第2時）、道具の進化キーワードを使ってまとめる場面（第6時）、新たな問いから思考を深める場面（第8時）を評価の場面と位置付けた。

(思考・判断・表現)

【学習問題を設定する場面（第2時）】	【道具の進化キーワードを使ってまとめる場面（第6時）】	【新たな問いから思考を深める場面（第8時）】
……こたつには炭を使っていて火事になりそうなのがとても怖かったです。昔は、火を使うことが多かったと思うので、目の離せない危険な生活だったのだろうなあ。	……昔の人の生活は危なく大変で、今と比べると不便です。少しでも便利に、楽に生活ができるように、道具を開発しようとしていたことがわかりました。昔の人と道具があるから今の人と道具があることがわかりました。	……昔の人の思いをうけつぐことで、すばらしいものができると思いました。私もその思いをうけついで、また次の世代にもうけついでほしいなあと思いました。

第3学年 全5時間

[本小単元の目標] 地域に受け継がれているお祭りについて、各種資料の読み取りや、祭りを保護する人々からの聞き取り調査などを通して調べ、地域の人たちの思いや願いを理解するとともに、地域に対する誇りをもつようにする。

【小単元】
地域に受け継がれる祭り

●本小単元で付けたい力や育てたい態度

○ 地域の年中行事に参加している人々の思いや、年中行事を運営している人々の取組から、その年中行事に対する工夫や努力を考える力

○ 地域の年中行事に関心をもち、意欲的に調べ、地域に年中行事が残されている意味を考えようとする態度

資質・能力の育成イメージ

将来 自分たちの住む地域の特色や歴史を理解し、地域における伝統と文化の持続・発展に貢献する力

主な資質・能力

中学校
・諸資料に基づいて多面的・多角的に考察する力
・事象の変容をとらえ、地域の課題やよりよい将来像について考えようとする態度

高学年
・地域の様子について、時間（昔から今までのつながり）に着目して考える力
・我が国の歴史や伝統を大切にしようとする態度

中学年
・見学や取材、具体的な資料などから、地域の年中行事に関する情報を集め、読み取り、まとめる技能
・思いや願いに着目して、社会的事象相互の関連を考え、根拠や理由を明確にして説明する力
・地域社会に対する誇りと愛情

低学年（生活科等）
身近な人々、社会との関わりを深めることを通して地域のよさに気付き、自分の行動の仕方について考える態度

（縦書き）歴史や伝統と文化についての理解
（縦書き）社会科で育っていく子供たちの資質・能力

言語活動例

視点を明確にして調査し、調査したことを基に話し合ったことをレポートにまとめる。

社会的事象を具体的に調査するとともに、各種資料を効果的に活用して、問題解決に向けて話し合う。

聞き取り調査などから、自分が獲得した情報を活用し、地域の人々の思いや願い、自分たちの考えを話し合う。

ひと・もの・ことなどについて気付いたことを絵カードなどに整理し、友達と伝え合う。

STEP 01 子供の思考をアクティブにする仕掛け

年中行事への人々の思いや願いと、その取組とを関連付けて考えることを通して、年中行事に対する自分の考えを表現させたい！

▼そこで…

「スリーステップシート」を活用して、地域の人たちの姿を基に、地域の年中行事に対する自分の考えを表現できるようにしていく。

ALツール スリーステップシート 第4時

問「年中行事の取組をしている理由は何だろう」

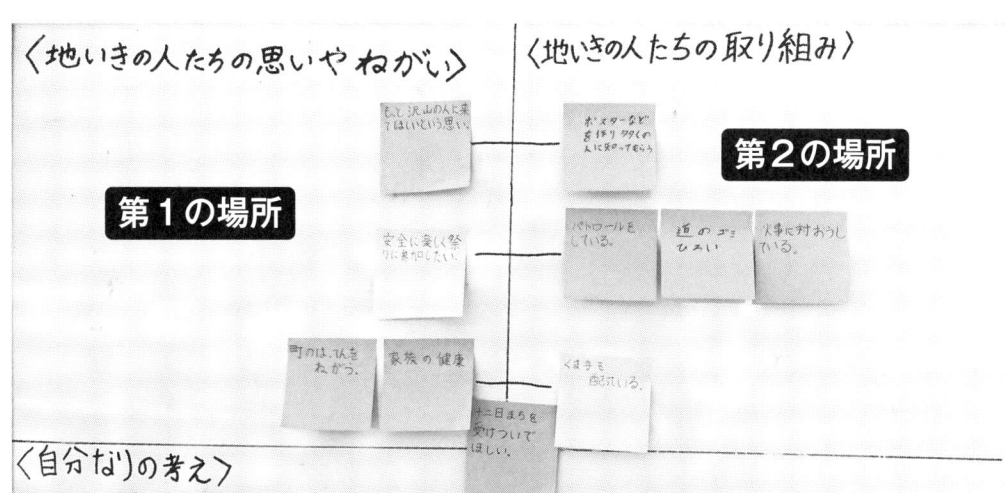

〈地いきの人たちの思いやねがい〉 〈地いきの人たちの取り組み〉

第1の場所　第2の場所

〈自分なりの考え〉
・十二日まちには地いきの人たちの思いやねがいがこめられていて、地いきの人たちが毎年十二日まちができるように取り組んでいる。
・この地いきの伝統を受けつぐ十二日まちを、これからも大切に残していきたい。

第3の場所

[特徴]
①逆T字の線を引き、左上を第1の場所、右上を第2の場所、下を第3の場所とする。
②地域の人々の思いや願いを第1の場所、取組の様子を第2の場所とする。第1の場所と第2の場所に書かれた内容につながりを見付けて線で結ぶ。
③線でつなげないときは、思いや願いを実現するために必要な取組や、わざわざそのような取組をしている理由について話し合い、考えたこととして色を変えて貼る。それらを基に、第3の場所に、地域に受け継がれている年中行事に対する自分の考えを記述する。

STEP 02　本小単元の全体イメージ

● 評価規準

社会的事象への 関心・意欲・態度	①身近な地域に残る年中行事に関心をもち、意欲的に調べている。 ②身近な地域の年中行事に対する誇りと愛情をもとうとしている。
社会的な思考・判断・表現	①身近な地域の年中行事について、学習問題や予想、学習計画を記述している。 ②年中行事への思いや願いと、取組とを関連付けて考えたことを表現する。

単元の展開

①問題をつかむ
地域の年中行事は、どのようにして、今まで続いているのかを考えよう

単元の展開

学習計画を立てよう

第1時 地域の年中行事の様子から、地域の人たちの思いや取組を調べるための学習問題をつかみ、学習計画を立てる。

・年中行事の写真から、年中行事で使われる道具や参加者の様子、年中行事の年表から、学習問題を設定する。

[学習問題] 地域の年中行事は、どのようにして昔から今まで続いてきたのだろう？

②調べる
地域の人たちの思いや願いと、年中行事を運営する人たちの取組を調べよう

●調べたことをまとめよう

第2時 年中行事に参加している人の思いや願いを調べる。

・年中行事のいわれや、年中行事で使われている道具の意味、年中行事に参加する理由を調べてまとめる。

第3時 年中行事を運営している人たちの取組について調べる。

・年中行事を続けていくための取組について調べてまとめる。

言語活動の展開

年中行事で使われている物を観察し、年中行事の特色について話し合う

地域の人からの聞き取り調査から、わかったことを、ノートに記入していく

観察・資料活用の技能	①文献資料や聞き取り調査などを活用して調査している。 ②調べたことをノートにまとめている。
社会的事象についての知識・理解	①地域の人たちの思いや願いと取組について理解している。

③考え・学び合う

年中行事の取組をしている理由は何だろう？

●調べてわかったことを話し合おう

第4時 地域の人々の思いや願いと取組とを関連付けて考える。　**本時**

・地域の人たちの思いや願いと、年中行事への取組について話し合う。
・年中行事に対する自分の考えをもち、記述する。

「スリーステップシート」で、年中行事に対する地域の人々の思いや願いと取組との関連を整理する

④まとめ・生かす

年中行事への自分の考えをまとめよう

●身近な地域にある年中行事についてまとめよう

第5時 年中行事についてまとめる。

・年中行事に対する地域の人々の思いや取組を基に、年中行事に対する自分の考えを発表し合う。

地域の年中行事に対する自分の考えを発表する

STEP 03　本時のアクティブ・ラーニング・モデル

展開1　付箋を確認する

調べてきたことを記入した付箋

本時のめあて「年中行事に対する思いや願いと取組の関係について考えよう」を確認し、学習をスタート。学習をはじめるにあたり、以下の2点を確認する。
①どのような思いや願いがあったのか。
②どのような取り組みがあったのか。
　次に、「スリーステップシート」にそれらの付箋を置いて考えるということを確認する。
　子供は、これまでの学習において獲得してきた知識をもとにして、それらの関係を考える活動を展開します。教師は、小単元における本時の位置付けについても確認するとよい。

展開2　「スリーステップシート」にまとめよう

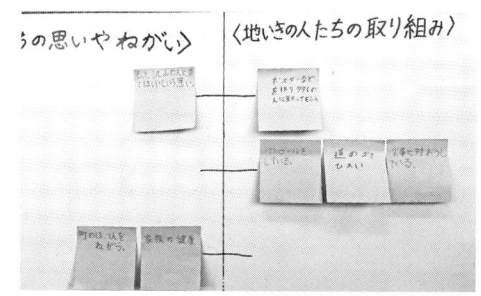

それぞれの立場から付箋を貼る

「スリーステップシート」に、調べてきたことをまとめた付箋を置く。
①年中行事を運営する側とそこに参加する側の立場に分かれる。
②地域の人たちの立場から、思いや願いについて書かれた付箋を貼り、つながると考えられる取組について書かれた付箋を貼る。
③二つの付箋にどのようなつながりがあるのかを話し合い、つながると判断できたとき、線を引いてつなげる。
　子供が線を引いてつなげるときには、つながると判断した理由を話し合うなどして、グループで共有できるようにしていく。

ALツール活用のポイント　～主体的・協働的な学びを実現する立場のとらえ

「スリーステップシート」活用のポイント
①社会的事象の関連付けを重視
　付箋を置いていくと、「思いや願いと取組には、つながりがあるようだ」と気付きはじめる。そのためにも、聞き取り調査などを充実させておく必要がある。
②それぞれの立場に立った思考
　つながりが見られない事柄が出てきたときは、「この思いや願いにつながるべき取組とは？」「この取組につながるべき思いや願いとは？」と、立場を変えて考えることができる。考えたことを記した付箋は、色を変えておくとわかりやすい。

③地域の人々をモデルとした活動
　第1の場所と第2の場所は、地域の人たちの行動である。子供はそれをモデルとしながら地域社会の年中行事に対する自分の考えを表現することができるようになる。

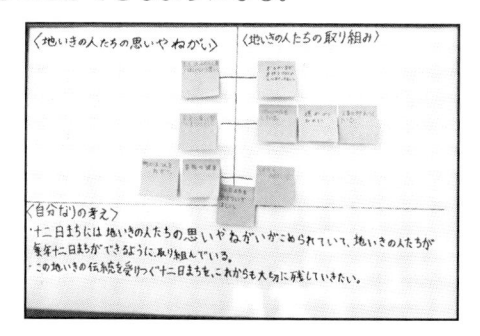

第4時

展開3 つながらない付箋について話し合う

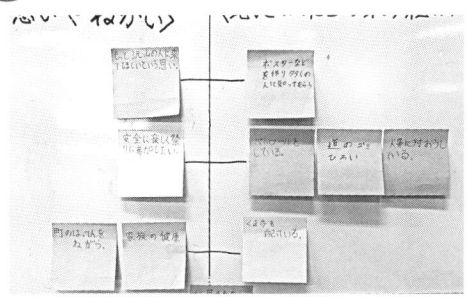

つながらない付箋について考える

すべての付箋を置いたとき、つながらない付箋が出てくる場合がある。そのときはグループで話し合う。
①取組の意味を考え、それにつながるべき思いや願いを話し合う。
②思いや願いに応えるために、どのような取組が必要なのかを話し合う。
③話し合って生まれた「考え」は、色の違う付箋に書いて貼る。

つながらない付箋は、学級全体に共有させてもよい。これまでの付箋の内容やつながり方を確認することで、自分の考えをもてるようにしていく。

展開4 本時を振り返り、次時について話し合う

本時の活動を振り返る

本時の振り返りは、以下の2点を発表する。
①思いや願いと取組との関係についてわかったこと。
②つながらなかった付箋について考えたこと。

未記入のままとなっている第3の場所については、本時の学習を基にして、年中行事に対する自分の考えを記入するということを次時の目標として設定する。

つながらなかった付箋について考えをもてたことを認めてほめる。子供が、改めて関係者から聞き取り調査をしたり、オープンエンドにして地域への関心・意欲・態度を高めたりする。

板書例

年中行事に対する思いと取組の関係をまとめよう

〈思い〉　〈取組〉
・家族の健康　・火事への備え
・まちの発展　・パトロール
・毎年楽しみ　・ポスターづくり

〈思い〉　　　　　　〈取組〉
毎年楽しみ ── 火事への備え
　　　　　　　　パトロール
　　　　　　　　ポスターづくり

まちの発展 ── ?

つながりの理由を聞いていくとともに、つながらない先には、どのような思いや取組があるか、考えられることを話し合い、板書や付箋の色を変えて表現する。

STEP 04 本小単元における授業の４つのデザイン

1 「問い」のデザイン

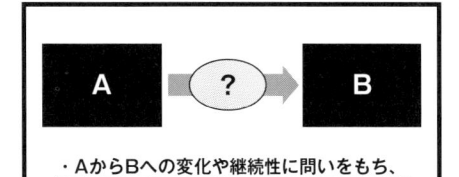

```
   A  ──?──▶  B
・AからBへの変化や継続性に問いをもち、
 理由を予想して調べる事柄をつかむ
～できなかったのが、できるようになったのは？
全く変わらない姿で続いているのは？
～年頃には○○が活躍していたのに、～年頃には？
```
「トンネル型」モデル

①写真や実物を用いる

　地域の年中行事の昔の写真と今の写真を読み取らせることで、地域の年中行事が昔と変わらず今でも開催されていることについて気付かせていく。また、その年中行事で昔から今まで受け継がれている物や行いなどを、実際に子供たちに見せたり触らせたり、体験させたりすることで、年中行事に対する関心を高める。

②地域の特色を知る

　身近な地域の地図を見ると、商店が多い、田が多い、昔から通っている道があるなど、地域の特色を知ることができる。地域の特色と年中行事とを関連付けて考えることで、地域の人たちの思いや願いについて考えることができるようにしていく。

③学習問題と予想

　自分たちの住む地域の特色や人々の思いや願いについての話合いを通して、地域の年中行事が、今でも昔と同じように開催されていることについて学習問題を設定し、予想を立てるようにする。

2 「教材化」のデザイン

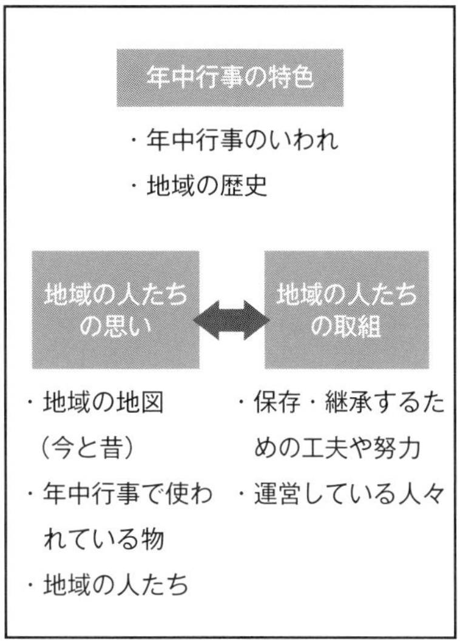

```
        年中行事の特色
        ・年中行事のいわれ
        ・地域の歴史

  地域の人たち  ◀▶  地域の人たち
   の思い              の取組

 ・地域の地図      ・保存・継承するた
  （今と昔）        めの工夫や努力
 ・年中行事で使わ  ・運営している人々
  れている物
 ・地域の人たち
```
それぞれの立場を教材研究する

　本小単元では、教師が地域の特色について教材研究をしておくことが大切である。地域に詳しいベテランの先生から聞き取り調査をしたり、様々な文献を基にして、地域の特色と年中行事との関連について調べておく。

　そうしたうえで、身近な地域に住み、年中行事に参加している人から、年中行事の意味やいわれ、思いや願いについて聞き取り調査を行う。また、運営に取り組んでいる人からも、どのような取組をしているのか、その意味や意図について聞き取り調査を行う。

　そうした調査の結果、子供たちに出合わせる実物について検討する。例えば、昔から商店が多く、商売繁盛を願う年中行事の場合は、教師は授業において熊手を子供たちに見せる。「熊手に付いている飾りは何かなあ…」と気になる子供が出てくる。道具に表された意味について考えるとともに、そこに、地域の人たちの思いや願いが込められていることに気付いていけるようにする。

3 「協働的な学び」のデザイン

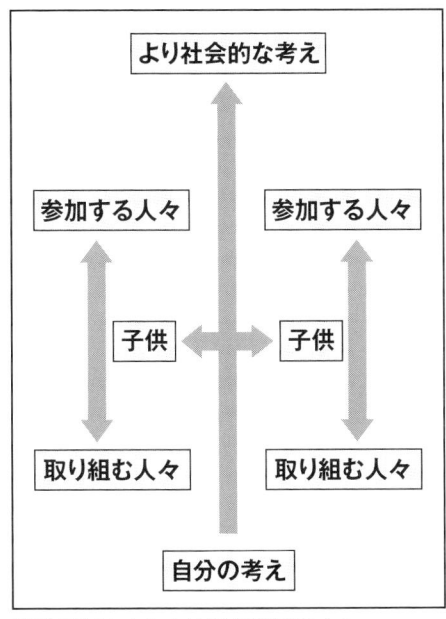

```
         より社会的な考え
              ↑
    ┌─────────┐  ┌─────────┐
    │参加する人々│  │参加する人々│
    └─────────┘  └─────────┘
        ↕            ↕
    ┌─────┐ ←→ ┌─────┐
    │ 子供 │    │ 子供 │
    └─────┘    └─────┘
        ↕            ↕
    ┌─────────┐  ┌─────────┐
    │取り組む人々│  │取り組む人々│
    └─────────┘  └─────────┘
              ↑
         自分の考え
```

「自分の考え」から「より社会的な考え」へ

①立場の違いで考える

地域社会に生きる人たちの立場に基づいて考えることが大切である。学習を展開するときは、年中行事に参加している人、運営に取り組んでいる人など違う立場に立って考えて話し合うといった学習を展開する。

②つながりを可視化する

年中行事に対する地域の人たちの思いや願いと、年中行事を運営する取組とのつながりを可視化するツールを使用する。第1の場所と第2の場所から考えたつながりを基に、第3の場所に地域の年中行事に対する自分の考えを記述する。

③自分の考えから社会的な考えへ

これまでの学習を基に、年中行事に対する自分なりの考えを互いに検討し合うことで、自分の考えをより社会的な考えにしていくことができる。

4 「学習評価」のデザイン

社会的な 思考・判断・表現
①身近な地域に残る年中行事から学習問題を導き出し、予想・学習計画を考え、学習カードに表現している。 ②調べたことを基に、年中行事に対する地域の人々の思いや願いと取組とを関連付けて思考・判断したことを、適切に表現している。

評価規準

「思考・判断・表現」の評価を行う。

地域の人たちの思いや願いと、運営する人たちの取組とを関連付けて、考えたことを表現させることで、子供たちの「思考・判断・表現」を評価する。その際、取組の意味と地域の人たちの思いや願いを根拠にして考えが表現されている必要がある。

■評価Bの子供の姿

人々の思いや願いと運営している人々の取組とを関連付けて考え、表現することができればBと評価した。

■評価Aの子供の姿

思いや願いと取組とが関係していることについて、「年中行事を続けていくために…」と、関係の理由について考え、表現している姿をAとした。

■評価Cの子供の姿

人々の思いや願いと取組とをつなぐことができず、断片的にとらえている姿をCとした。そういった子供には、グループの友達が引いた線の意味を考えるよう助言した。

第4学年 全9時間

[本小単元の目標] 市や地域の方々、関係諸機関が連携・協力して災害から私たちのくらしを守るために工夫や努力をしていることについて調べ、減災のためには、市、地域、自分が協力して取り組まなければならないことや、私たち一人一人が防災の意識を高めていく必要があることを考えられるようにする。

【小単元】
災害からくらしを守る

●本小単元で付けたい力や育てたい態度

○ 災害から命やくらしを守るための取組を、市（公助）・地域（共助）・自分（自助）の三者の関係でとらえ、説明する力

○ 災害が起きたら全員被災者であるから、まずは、自分の身は自分で守り、地域の方と協力して被害を最小限にできるように、日頃から備えをし、地域の方々との関係を築くことの大切さを考えようとする態度

資質・能力の育成イメージ

将来 課題に対して必要な情報を集めて調べ、解決に向けたアイデアをプレゼンして集団の議論を進めることに貢献する力

社会科で育っていく子供たちの資質・能力
社会の仕組みや働きについての理解（政治・安全保障）

主な資質・能力

中学校
・多角的・多面的に考察し、内容構成を考え、社会的事象について自分の考えを論理的に説明する力
・社会に見られる課題を把握して、複数の立場や意見を踏まえ、解決に向けて選択・判断する力

高学年
・社会的事象相互の関連や意味を様々な立場から考える力
・他者の意見につなげたり、立場や根拠を明確にして、社会的事象についての自分の考えを主張する力

中学年
・社会的事象相互の関係に着目して、その意味を多角的に考え説明する力
・社会に見られる課題を把握して、解決に向けて自分たちにできることを選択・判断する力
・よりよい地域社会の一員として、自覚をもって考えようとする態度

低学年 （生活科等）
意欲的に調べて絵や図でまとめる力

言語活動例

課題に対して、根拠を明確にして議論する。

必要な情報を集めて、整理してまとめ、それを根拠に話合いを行う。

被害を最小限におさえる三者の取組を図と言葉でまとめ、説明する。

本で調べたり話を聞いたりして情報を集める。

STEP 01 子供の思考をアクティブにする仕掛け

「市（公助）・地域（共助）・自分（自助）の関係をまとめる」ことを通して、三者の関係性や重要性を自分の言葉で説明させたい！

▼そこで…

市（公助）・地域（共助）・自分（自助）の三者を線で結び関係図を作成し、その図の意味を説明をできるようにする。

ALツール 市（公助）・地域（共助）・自分（自助）の関係図

問 「災害から命やくらしを守るために、誰がどんなことをしているのだろう」　第7時

「支援する」
「自助や共助への支援」
など、→の意味を書く。

「防災訓練に参加する」
「みんなで助ける！」
など、三者それぞれに大切なことを書く

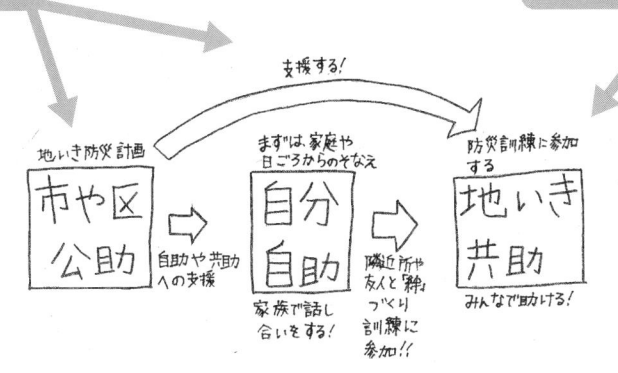

「市や区が自分に支援している。けれど、家庭や日頃の備えが優先だと思うから、この図にした」など、自分の関係図の意味の説明を書く。

[特徴]
①市（公助）・地域（共助）・自分（自助）を「→」で結び、「→」に関係性を書く。
②市（公助）・地域（共助）・自分（自助）それぞれに大切な内容を書く。
③完成した自分の関係図の意味の説明を文章でまとめる。

STEP 02 本小単元の全体イメージ

● 評価規準

社会的事象への 関心・意欲・態度	①災害から命やくらしを守る取組に関心をもち、区や市、地域、自分たちの取組について意欲的に調べている。 ②災害から命やくらしを守るためには、一人一人が防災の意識を高めていく必要があることについて考えようとしている。
社会的な思考・判断・表現	①災害から命やくらしを守る取組について、学習問題や予想を考え表現している。 ②調べたことを基に「公助」「共助」「自助」の意味について考え、適切に表現している。

単元の展開

①問題をつかむ

首都直下地震に対する備えについて考えよう

単元の展開 学習計画を立てよう

第1時 地震に対する備えについて予想し、学習問題を設定して、学習計画を立てる。
・阪神淡路大震災や東日本大震災の写真や記事から地震被害の大きさを知り、首都直下地震に対する備えについて予想し、学習問題を設定する。

[学習問題] 災害から命やくらしを守るために、だれが、どんなことをしているのだろう。

〈予想〉
・区や市が防災訓練をしたり、メールやスピーカーで知らせているのではないか。
・消防や警察と救助のための協力をしているのではないか。
・地域が協力して訓練をしているのでないか。
・消防団がポスターや呼びかけをしているのではないか。
・自分や家族が、荷物を用意したり、避難場所や行動、設備を確認したりしているのではないか。

言語活動の展開

市・地域・自分で予想を表に整理する

②調べる

区市や地域、自分たちの命やくらしをまもるための取組をしらべよう

● 調べたことをまとめよう

第2時 自分の住んでいる区市や地域、自分の防災の取組について調べる。
・調べてきたことを発表させ、市や区、地域、自分・家族に整理する。

第3時 A市の防災マップから、A市の防災の取組について調べる。
・防災マップから小金井市の取組をグループで相談しながら、読み取り、発表し合う。

第4時 地震のときの情報ネットワークについて調べ、図にまとめる。

第5時 市役所の方の話や資料をもとに調べる
・自主防災組織の資料から、活動の様子を具体的に読み取る。

第6時 自主防災組織や東京防災隣組について組織の方の話やDVDなどをもとに調べる。
・組織の方の話や隣組の方の話から、人と人のつながりが防災にはたいへん重要であることを考える。

防災マップからA市の取組を読み取り、発表し合う

観察・資料活用の技能	①実際に取り組んでいる人々への取材や見学、防災マップ等の資料を活用し、必要な情報を集めて読み取っている。 ②集めた情報を整理して、市や区、地域、自分との関係について図に整理してまとめている。
社会的事象についての知識・理解	①災害から命やくらしを守るための市や区、地域、自分たちの取組や役割、またそれらがつながっている（連携・協力）ことを理解している。

③考え・学び合う

災害から命やくらしを守るためには、公助・共助・自助がどう関係しているのかな？

●調べてわかったことを話し合おう

第7時 災害から命やくらしを守るためのはたらきについて、関係図にまとまる。　【本時】

・学習問題を振り返り、災害から命やくらしを守るために、だれが、どんなことをしているのか、話し合い、整理する。

・公助・共助・自助を線で結び、関係を考え、自分なりの考えを図と言葉でまとめる。

関係図をもとに意見交換を行う

第8時 B市の防災フェスタ「イザ！カエルキャラバン」の取組の意味について考える

・B市が行った意味を、これまでの学習を生かして考える。
・「イザ！カエルキャラバン」のねらい、「おもちゃをカエル」「意識をカエル」「地域をカエル」について考える。
・市役所の方の話や資料から、共助・自助の重要性について考える。

防災フェスタ in 国分寺

④まとめ・生かす

防災会議を開き、地震災害の被害から身を守るため私たちにできることを話し合おう

●わたしたちにできることをまとめよう

第9時 被害を最小限におさえるためには、わたしたちにできることをまとめる

・わたしたちにできることについて考え、話し合う。
・被害を最小限におさえるためには、一人一人の防災意識の高まりと地域での人と人と関係づくりが大切であることを考える。
・公助の役割、共助・自助の重要性について考える。

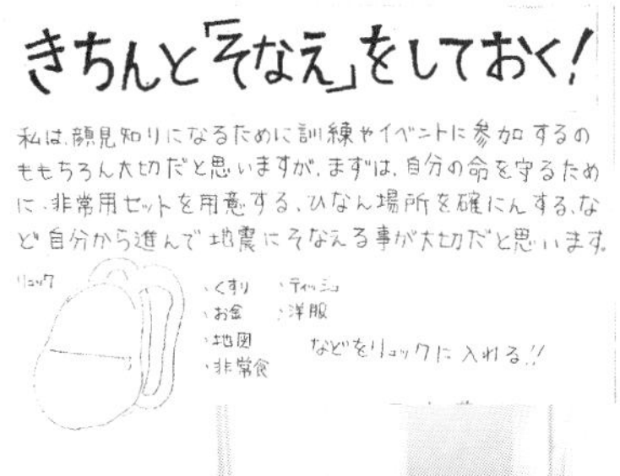

自分のまとめを発表する

第4学年・全9時間 | 063

STEP 03 本時のアクティブ・ラーニング・モデル

展開1 これまでの学習を振り返る

ノートに関係図を作成していた子供の図を例にして関係図作成へのめあてをもたせる

まず、これまで調べてきたことを市（公助）・地域（共助）・自分（自助）ごとに発表させ、黒板に整理をする。

その後、関係図を作成していた子供に発表させ、黒板に簡単な関係図を示す。

そして、友達の関係図を参考に、三者の関係を「→」と言葉で関係図にまとめることを確認する。

● 関係図の作成の仕方
①三者を「→」で結び、「→」の意味を書く。
②三者の取組のポイントを書く。
③作成した完成図の意味について説明を書く。

展開2 関係図を作成する

市（公助）・地域（共助）・自分（自助）を「→」で結び、関係図を作成する

子供は一人一人、これまでの学習の記録である自分のノートをもとに、三者それぞれの関係性を考えはじめる。

三者をどう並べるか、どのようにつなぐのかは、自分の学習を振り返りながら、自分なりに考えて書いていく。自助から書きはじめる子供、共助から書きはじめる子供、横一列に並べて書く子供、三角に関係を書く子供など、様々である。

そして、完成した関係図に、最後に自分の関係図の意味を説明する文章を書き、完成させる。

ALツール活用のポイント ～主体的・協働的な学びを実現する再構成と説明

今回のALツールである「関係図」は、2つの効果をねらっている。

一つは、予想し、調べてきたことを「市（公助）・地域（共助）・自分（自助）の3つの関係でまとめる」こと、つまり、調べたことを整理して、関係図を使って考えを再構成することである。

二つは、関係図を使って、自分の考えを、自分の言葉で説明することである。

このALツールを有効に活用するためには、以下の点が大切なポイントである。

・前時までの学習において、確かな事実認識が重要。

・関係図作成の仕方を確認すること。
・関係図を使って、自分の考えを自分の言葉で語らせること。
・お互いの考えを交流させること。

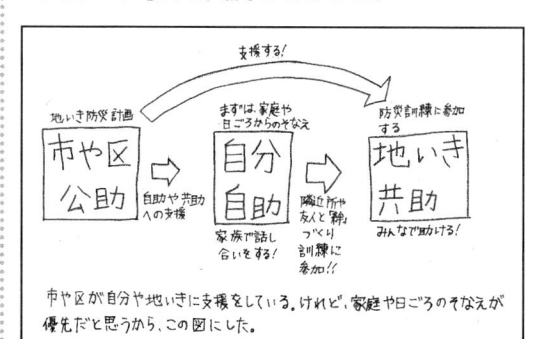

064 ｜ 災害からくらしを守る

第7時

展開3 グループで説明会を行う

自分の作成した完成図を見せながら、互いに説明する

　完成した関係図をもとに、グループで自分の関係図を説明し、お互いの考えを交流する。

　本時では、4人グループをつくり、順番に説明をしていき、聞いていた3人の子供が質問をしたり意見を述べたりしていく。

　一人一人、自分の関係図を友達に見せながら、グループの友達に関係図の説明を自分の言葉で語っていく。

　発表が終わると、質問したり意見を伝えたりして、お互いの考え方を交流する。

展開4 本時を振り返り学習感想を書く

学習感想を書く

　グループでの説明会を終えたら、最後はそれぞれのグループで交流した様子を全体で共有する。具体的には、それぞれのグループから、自分のオススメのお友達を理由とともに推薦してもらう。各グループの発表が終わったところで、自分の関係図を振り返り、友達の発表を参考に、再度、三者の関係性や重要性について自分の考えをまとめる。

●学習感想例（一部抜粋）

…今日、図を書いてみて、班で発表し合いました。すごいなと思ったのはKさんの「自助があるからこそ共助があり、共助がないと自助がない。そして、公助がないと共助がないから、1つかけてしまうと、…

板書例

災害から暮らしを守るために、だれが、どんなことをしているのだろう

被害を最小限におさえるために
つまり…

地域（共助） ← 市や区（公助）
　　　↘　　↙
　　自分（自助）

市や区（公助） ▶ 地域（共助） ▶ 自分（自助）
みんなで支え合っている

自分（自助） → 地域（共助）
自分があっての共助
自助の意識が高いから共助ができる

図で表し、説明を付けよう

　三者をどう並べ、どう線でつないでいくのか、その線にはどんな意味があるのか、問いながら黒板にまとめていく。そして、完成した図をもとに、最後にどんな関係性をもたせたのかを説明させる。

STEP 04　本小単元における授業の４つのデザイン

1　「問い」のデザイン

①**切実感をもたせて、自分の問題に**：実際の地震の写真を提示したり、被害の様子を示したりして、地震による被害の大きさを実感させる。その後、新聞記事と首都直下地震の被害想定を示して、災害を自分たちの問題とさせる。

②**学習問題に主語を意識付ける**：首都直下地震への備えについて話し合わせる。備えを予想させるときは、だれが、どんな備えをしているか、主語を明確にして考えさせるようにする。

〈実際の子どもたちの予想〉
「区や市が、防災訓練をしたり、メールやスピーカーで知らせているのではないか」
「区や市が、消防や警察と救助のための協力をしているのではないか」
「地域が、協力して訓練をしているのでないか」
「自分や家族が、荷物を用意したり、避難場所や行動、設備を確認したりしているのではないか」

③**予想をもとに問いをつなぎ、学習計画を立てる**

| 災害から命やくらしを守るために、だれが、どんなことをしているのだろう |

→○区や市、地域や自分は、どのような取組をしているのだろう
→○Ａ市では、どのような取組をしているのだろう
→○Ａ市では、地震のときにどのように情報を伝えているのだろう
→○地域の人々は、どのような取組をしているのだろう

「どのように型」モデル

2　「教材化」のデザイン

「どこを見たら社会がよく見えるのか」「どのように見たら社会が見えるのか」という概念的な枠組みで教材を４つの視点で分析し授業を構成した。４つの視点とは、以下の４つである。

○「**現実を見る**」…事実を具体的に／徹底的に事実をとらえる（様子や仕組み、等）
○「**人の営みをみる**」…人間の工夫や努力、思いや願い、誇り、責任、役割
○「**社会的な意味や価値を考える**」…背景や要因、影響（社会の仕組み等）
○「**自分のかかわりを考える**」…子供と教材のかかわり、「自分事」、社会参画

また、本小単元では、市役所のはたらきを中心に据えて、学習を展開した。そのことにより、市（公助）のはたらき、役割を理解した上で、共助や自助の重要性をつかまえることをねらっている。ここでは、小金井市役所のはたらきと国分寺市役所の取組を中心に構成した。

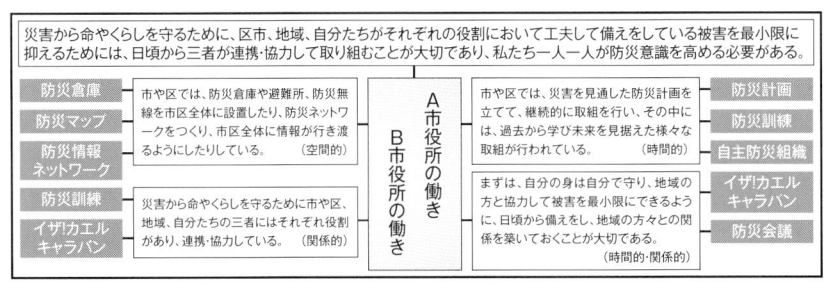

もう一点、教材化の上で大切にしたことは、毎時間のように人を登場させ、人のはたらきに共感的に取組をとらえさせることである。

066　｜　災害からくらしを守る

3 「協働的な学び」のデザイン

調べる段階でも、考えを交流させる段階でも、そして、最後のまとめの段階でも、協働的に学べる場、時間を設定することで、子供はお互いに考えを交流させ、自分の考えを深めていけるのである。下の感想からもお互いのよさを取り入れて考えを深めていく姿や一人一人の考えに深まりが見られたことがわかる。

> 今日、ぼくは、自助・共助・公助がとても大事なんだと思いました。なぜなら、Kさんがどれかがかけてしまうと何もできなくなってしまうと説明してくれたのを聞いて、ぼくもそうだなと思ったからです。

> 私は前、自助・共助・公助どれも大切だと思っていました。そして、今回、防災会議でKSさんの意見で自助も大事だと感じたけれど、Mさんの意見でやはり、自助も大切だけど、共助と公助も大切だと思いました。なぜならキャッチコピーにも書いてあった通り、防災訓練で知識を深めたら、いつ災害が起こってもそれを生かして自分の命を守ることができると思います。つまり、「防災訓練」に参加することが大事です。

4 「学習評価」のデザイン

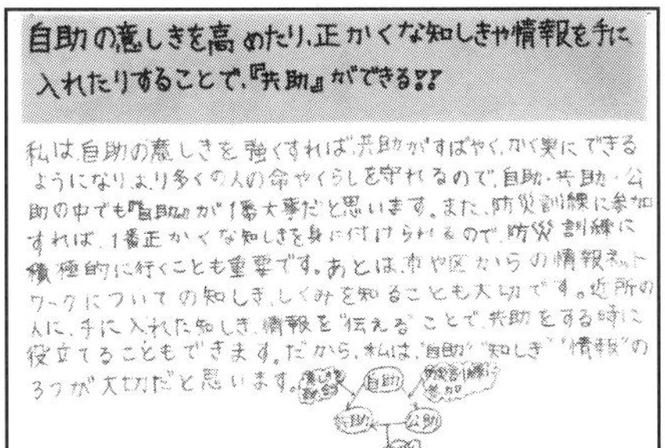

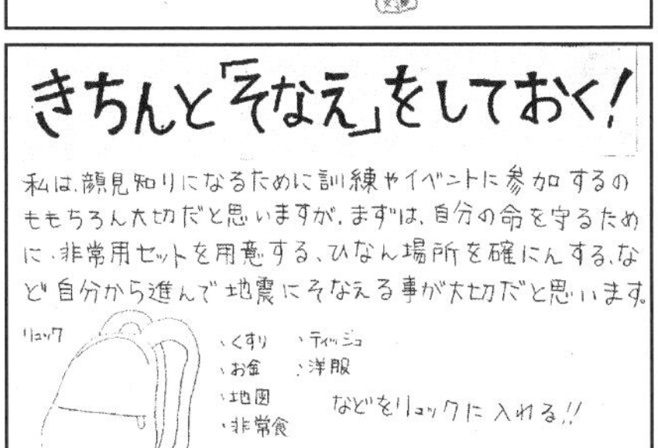

左の児童作品は、単元の9時間目にまとめとして、学級防災会議に向けて自分の考えを表したものである。この作品をもとに、評価を行った。この2枚のカードには、それぞれ意味がある。上のカードは、単元を通した問いに対する自分の学びをまとめたものであり、下のカードは、自分事にした問いに対する自分の考えをまとめたものである。つまり、この2枚のカードで「関心・意欲・態度」「知識・理解」「思考・判断・表現」「技能」を見取ることができるのである。本時では、これに加えて、学習感想も含めて評価をした。

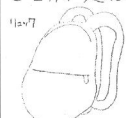

カードにしても、学習感想にしても、書かせるときには、何でもいいわけではなく、きちんと問いをもって書かせる必要がある。やはり、それは、単元を通す学習問題に戻るように、問いを設定し、その問いに向かってまとめや感想を書かせるようにする。

第４学年
全 14 時間

[本小単元の目標] ごみの処理や利用に関わる対策や事業について、見学などを通して具体的に調べ、これらの対策や事業は人々の健康な生活や良好な生活環境を守るために計画的・協力的に進められていることを、ごみの出し方のきまりと関連付けて考えるようにする。

【小単元】
ごみのしょ理と利用

●本小単元で付けたい力や育てたい態度

◯ 社会的事象の特色や意味を考える力

◯ 身のまわりの社会的事象から課題を見付け、予想を立て、友達と協力して調べようとする態度

◯ 法やきまりを守ることが、人々の生活の維持と向上を図る上で大切であることに気付き、それらを守ろうとする態度

資質・能力の育成イメージ

将 来　持続可能な社会の実現に向けて自ら考え行動する力

（社会科で育っていく子供たちの資質・能力）

（社会の仕組みや働きについての理解（政治））

主な資質・能力	言語活動例
中学校 ・持続可能な社会を形成するという観点から、よりよい社会を築いていくために解決すべき課題を探究し、自分の考えをまとめ表現する力	自ら課題を設定し、科学的な探究の過程や思考の過程を論理的にレポートに表現する。
高学年 ・国土の環境と人々の生活や産業との関連を考える力 ・政治の働きと国民生活との関連を考える力 ・社会に見られる課題を把握し、解決に向けて自分たちにできることを選択・判断する力	公害の事例と防止対策について調べ、自分たちにできることを話し合う。
中学年 **・社会的事象の相互関係に着目して、その特色や意味を考える力** **・身のまわりの社会的事象から課題を見付け、予想を立て、友達と協力して調べようとする意欲** **・法やきまりを守ることが人々の生活の維持と向上を図る上で大切であることに気付き、それらを守ろうとする態度**	 **なぜごみの出し方を 12 分別にしたのか、調べたことを振り返りながら考え話し合う。**
低学年（生活科等） ・学校や地域には、みんなが安全に気持ちよく生活するためのきまりやマナーがあることに気付く。	人々と関わったりした気付きを絵カードなどに記入し、発表し合う。

STEP 01 子供の思考をアクティブにする仕掛け

「なぜごみの出し方を12分別にしたのか、その理由を考える」ことを通して、社会的事象の相互の関連を具体的に説明させたい！

そこで…

「『すると…』ツリー」を活用して、社会的事象の相互の関連を具体的に深く考えさせる。

ALツール 「すると…」ツリー 第10時

問「ごみを12分別するとどうなるでしょう」

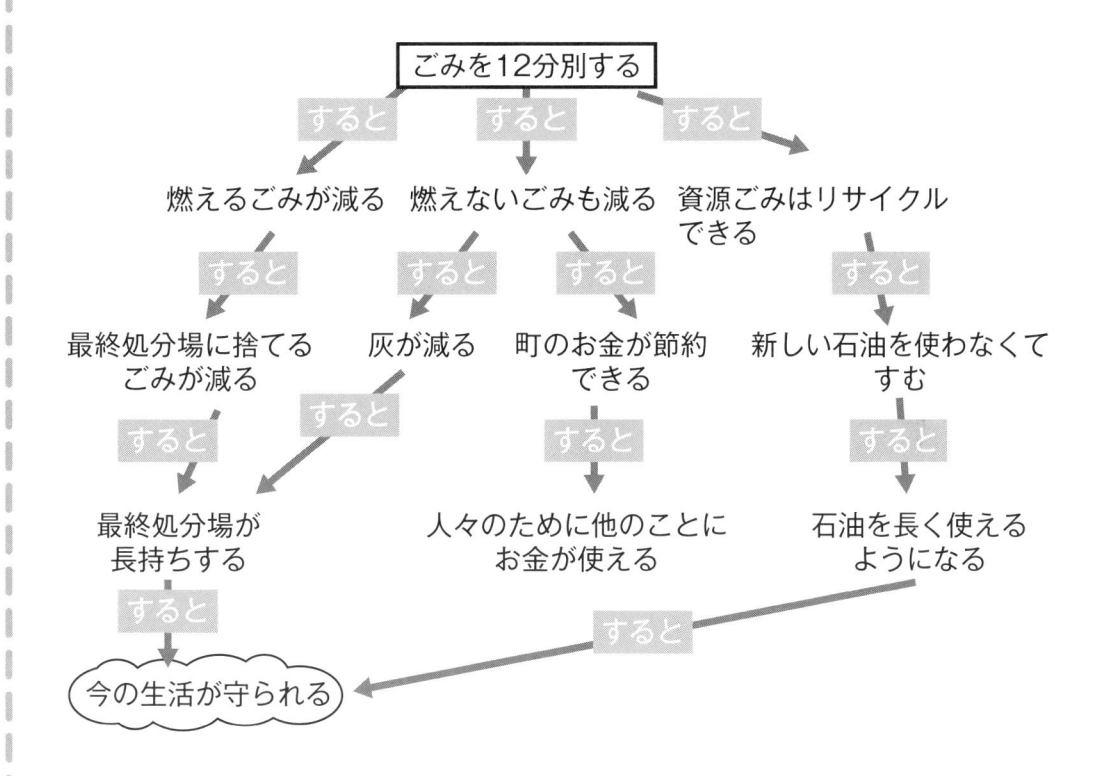

```
              ごみを12分別する
         すると    すると    すると
           ↓        ↓         ↓
    燃えるごみが減る  燃えないごみも減る  資源ごみはリサイクル
                                         できる
       すると      すると    すると       すると
         ↓          ↓        ↓            ↓
   最終処分場に捨てる  灰が減る  町のお金が節約  新しい石油を使わなくて
      ごみが減る              できる          すむ
       すると    すると       すると         すると
         ↓        ↓           ↓             ↓
      最終処分場が        人々のために他のことに  石油を長く使える
       長持ちする            お金が使える        ようになる
         すると                                    すると
           ↓  ←―――――――――――――――――――――――――――
        今の生活が守られる
```

[特徴]

①一番上に一つの社会的事象を書く。次に、その社会的事象によりどのような結果や効果・影響がもたらされるかを考え、上の図のように矢印と「すると」という言葉でつなげていく。

②接続詞「すると」により、子供は社会的事象間の因果関係を思考するよう自然に導かれる。

③「すると…」ツリーを活用することで、12分別して処理することにどんな利点があるのかを具体的に深く考えることができるし、接続詞「すると」をそのまま用いることで、抵抗感をあまり感じることなく、自分の考えを説明することもできる。

STEP 02　本小単元の全体イメージ

●評価規準

社会的事象への 関心・意欲・態度	①ごみの処理や利用に関わる対策や事業について関心をもち、意欲的に調べている。 ②地域社会の一員として、ごみの出し方のきまりを守ろうとしている。
社会的な思考・判断・表現	①ごみの処理や利用に関わる対策や事業について、学習問題や予想、学習計画を考え表現している。 ②ごみの処理や利用に関わる対策や事業が、人々の健康な生活や良好な生活環境を守るために進められていることを、具体的に説明している。

単元の展開

①問題をつかむ
ごみはどのように処理されているのだろう？

単元の展開

学習計画を立てよう

第1〜2時　各家庭や町全体から出されるごみの量を資料から読み取ったり、ごみの分別体験をしたりすることを通して、単元の学習問題をつかみ、学習計画を立てる。

・各家庭や町全体から出されるごみの量を調べる。
・グループごとにごみの出し方のきまり（12分別）を見ながら分別体験をする。
・体験を振り返り、単元の学習問題を設定する。

[学習問題] わたしたちの家から分別されて出されたごみは、どのように処理されているのだろう

・知っていることや予想を基に学習計画を立てる。

言語活動の展開

グループごとにごみの分別体験を振り返り、気付いたことや疑問点を話し合う。

②調べる
ごみはどのように処理されているのか、清掃工場を見学しよう

●見学したことや調べたことをまとめよう

第3〜9時　清掃工場を見学したり、各種資料を活用したりして、12分別したごみがどのように処理されているのかを調べる。

・あらかじめ考えた観点に基づいて清掃工場を見学する。
・資源ごみや粗大ごみの処理について、清掃工場で働く人の話を聞いたり、各種資料を調べたりする。
・調べたことを「ごみ処理フローチャート」にまとめる。

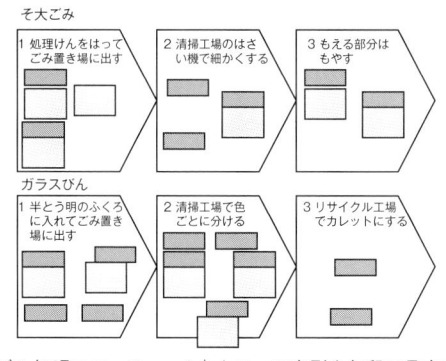

そ大ごみ
1 処理けんをはってごみ置き場に出す　2 清掃工場のはさい機で細かくする　3 もえる部分はもやす

ガラスびん
1 半とう明のふくろに入れてごみ置き場に出す　2 清掃工場で色ごとに分ける　3 リサイクル工場でカレットにする

「ごみ処理フローチャート」とは、五角形を矢印に見立て、その手順を図示したものである。手順ごとにわかったこと（ピンク）や疑問点（ブルー）を付箋に書き、貼っていった。

観察・資料活用の技能	①ごみ処理施設を観点に基づいて見学したり、各種資料などを活用したりして、ごみの処理や利用に関わる対策や事業について必要な情報を集め、読み取っている。 ②調べたことを「ごみ処理フローチャート」にまとめている。
社会的事象についての知識・理解	①ごみの処理や利用に関わる対策や事業が、人々の健康な生活や良好な生活環境を守るために、計画的・協力的に進められていることを理解している。

③考え・学び合う

12分別して処理することに、どんないいことがあるのかな？

● ごみを分別して処理する理由を考えよう

第10〜11時 昔と今のごみ処理の仕方を比べ、なぜごみの出し方を12分別にしたのか、その理由を考える。 [本時]

・昔のごみ処理の仕方を調べる。
・20年前のきまり（3分別）に従ってごみの分別体験をし、気付いたことや疑問を話し合いながら、新たな問い「なぜごみの出し方を12分別にしたのだろう」を設定する。
・問いに対する予想を立てる。
・それまでに学習した知識や資料を活用しながら、12分別して処理することにどんな利点があるか、「すると…」ツリーを書きながら考える
・役場の担当者の話（VTR）を聞いて確かめる。

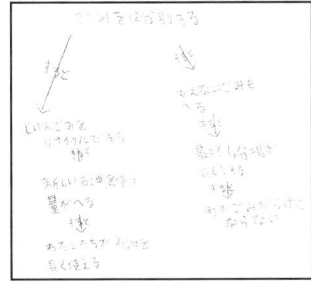

子供が書いた「すると…」ツリー

④まとめ・生かす

きまりを守るようにするために何ができるだろう

● ごみを分別して処理する理由を考えよう

第12〜14時 地域にごみの出し方のきまりを守らない人がいることを知り、自分たちにできることを考える。

・単元の学習問題に対するまとめの説明文を書く。
・役場の担当者へのインタビューVTRを見て、新たな問い「みんながきまりを守るようにするために、わたしたちにできることは何だろう」を設定する。
・どんな点が特に守られていないのかを調べ、それをもとに自分たちにできることを考える。
・ごみの分け方・出し方で、間違いやすい点や気を付ける点を説明したポスターを作成し、地域のごみ置き場に貼ってもらう。

ごみの分け方・出し方のきまりでどんな点が特に守られていないのかを調べて、ポスターを作成する

第4学年・全14時間

STEP 03 本時のアクティブ・ラーニング・モデル

展開1 本時の問いを発見し、予想を立てる

20年前のきまりで分別体験をし、本時の問いを発見する

20年前のきまり（3分別）でごみの分別体験をし、本時の問い「なぜ、ごみの出し方を12分別にしたのだろう」を発見する。

●実際の授業（教師Tと子供たちC）
T　20年前のルールでごみを分別してみて、どう思いましたか？
C　とっても簡単。楽！楽！
T　それじゃあ、それと比べて今の12分別のきまりをどう思いますか？
C　面倒くさい。前のきまりの方が楽。
T　何か疑問はありませんか？
C　なぜ、わざわざ12分別にしたのかな。

展開2 これまでの学習をもとに自分で考える

個人で「すると…」ツリーを書く

これまでの学習を振り返り、現在と昔のごみ処理の仕方を比較しながら、12分別して処理することの利点を考え、「すると…」ツリーにまとめる。

指導に当たっては、ツリーに取りかかる前に予想を立てさせ、「地域の人々にとって何かいいことがあるのでは…」という思考の方向性を明確にしておく。

また、「地球に優しい」といった漠然とした事柄を書き、考えるのをやめてしまう子もいると思われるが、例えばどんな点が地球に優しいのか、できるだけ具体的に書くよう励まし、子供の思考を深めていくようにする。

ALツール活用のポイント ～主体的・協働的な学びを実現する内化と外化

「すると…」ツリー活用のポイント
①学習の足跡をしっかり記録しておく

「すると…」ツリーを書く際に子供たちが活用するのは、生活の中で得た知識と本単元で前時までに獲得した知識である。したがって、ツリーの内容を充実させるためには、「ごみ処理フローチャート」やノートなどに、それまでの学習の足跡をしっかり記録しておくことが大切である。

②接続詞「すると」を大切にする

指導に当たっては、「すると」という言葉を大切にし、個人で考える際には心の中で、話合いの際には実際に声に出して活用するよう促したい。そのことにより、子供は自然に社会的事象間の因果関係を考えるよう導かれる。

③不完全だからこそ対話が必要になる

個人でツリーを書かせる際には、思考が滞っていない限り過剰な指導、支援を控えるようにする。論理の展開が飛躍していたり、間違っていたりしているからこそ、協働場面での対話が生まれ、子供相互の教え合いや学び合いが実現する。

子供の力を信じて見守ることも、協働的な学習場面では大切なことである。

第11時

展開3 グループ・全体で話し合う

グループで「すると…」ツリーを記入する

　個人で考えた後は、グループ、そして全体で共通点や相違点を話し合いながら「すると…」ツリーを記入していく。

　指導に当たっては、特に次の4点に留意する。
・ごみ処理フローチャートやノート・資料を活用しながら話し合わせる。
・接続詞「すると」をキーワードに話し合わせ、社会的事象の相互の関連を次々と考えさせる。
・人々の生活との関連が明らかになるように話合いを方向付けていく。
・事象間のつながりがよくわからないときには、質問をするよう促す。

展開4 役場の担当者の話を聞き確かめる

ＶＴＲを見て考えたことを確かめる

　最後に、みんなで考えたことを確かめるために、役場の担当者から話を聞く。今回は時間を効果的に活用するために、あらかじめＶＴＲを撮影しておき、それを子供たちに見せた。

　役場の担当者には、特に次の2点については必ず話してほしいと伝えておいた。
・12分別にした大きな目的はごみの減量化と省エネ・省資源であり、それが将来に向けて人々の生活を守ることにつながること。
・ごみの出し方のきまりは、国の法律に基づいてつくったものであり、地域ごとに細かな部分は異なるが、基本的な枠組みはこの地域だけでなく全国的なものであること。

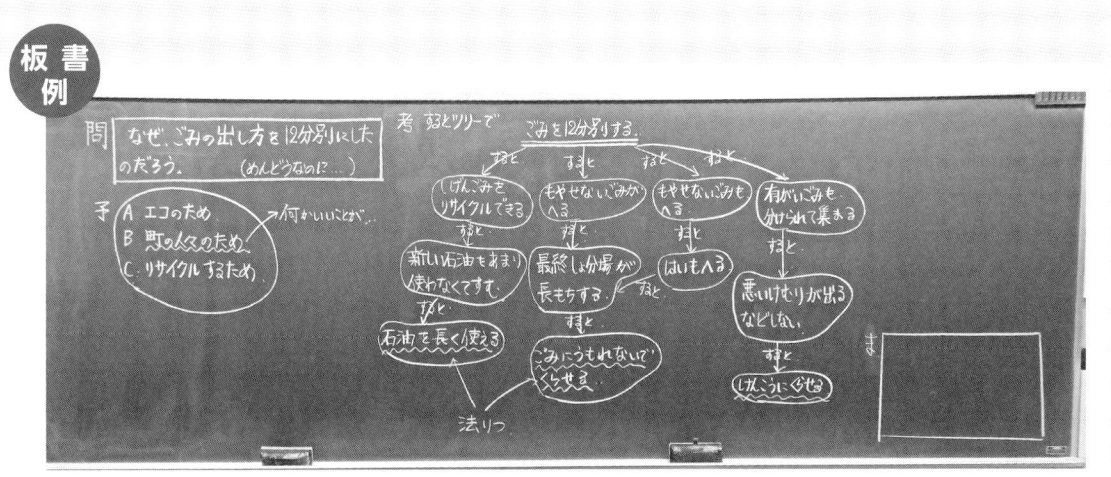

板書例

　板書では、ごみの出し方を12分別にすることが、結果的には人々の生活を守ることにつながるということを強調する。

第4学年・全14時間 | 073

STEP 04　本小単元における授業の４つのデザイン

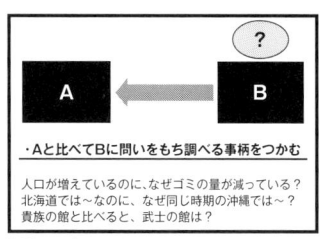

1　「問い」のデザイン

「対比型」モデル
・Aと比べてBに問いをもち調べる事柄をつかむ
人口が増えているのに、なぜゴミの量が減っている？
北海道では〜なのに、なぜ同じ時期の沖縄では〜？
貴族の館と比べると、武士の館は？

①**ごみの分別体験から単元の学習問題を設定**：本単元は、「どのように型」のデザインで構成している。単元の導入段階では、各家庭や町全体から出されるごみの量を調べさせるとともに、実際にごみの分別体験をさせることで、「わたしたちの家から分別されて出されたごみは、どのように処理されているのだろう」という単元の学習問題が自然に引き出されるようにした。

②**20年前との比較により生まれる新たな問い**：本単元では、12分別されたごみがどのように処理されているのか、対策や事業の様子を理解させた上で、その意味を考えさせる問い「なぜ、ごみの出し方を12分別にしたのだろう」を設定した。ここでの方法は「対比型」。20年前の3分別を体験させ現在と比較させることで、「3分別だとこんなに楽なのに、なぜわざわざ面倒な12分別にしたのか？」という疑問を子供に抱かせることができる。

③**役場の担当者の思いを借りる**：単元の最終段階では、役場の担当者をＶＴＲで登場させ、「ごみの出し方のきまりを守らない人がいて困っている。何とかならないか、みんなにも考えてほしい」と語りかけてもらった。そうすることで、「地域のために自分たちにできることを実行しよう」という子供の社会参画への意欲を喚起することができた。

2　「教材化」のデザイン

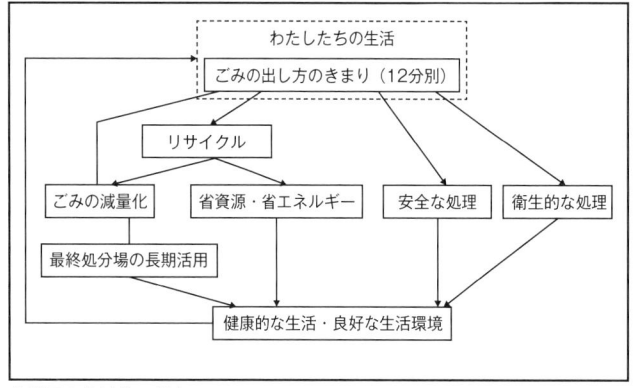

本単元の教材化の視点

本単元は、地域のごみの出し方のきまり（12分別）を主な教材として構成した。その理由は、このきまりに従ってごみを分別することは、わたしたちの日常生活の一部であり、処理対策・事業の出発点でもあるからである。

地域の清掃工場が発行している「ごみの分け方・出し方」というポスターを事前に見せたところ、多くの子が家に貼ってあると話していた。このように子供の身近なところにある社会的事象は、社会科の絶好の教材になる。

実際の教材化に当たっては、昔と今のごみの出し方や処理の仕方を比べながら、このきまりを守ることが、人々の健康な生活や良好な生活環境を守ることにつながるということを具体的に考えられるようにデザインする。

3 「協働的な学び」のデザイン

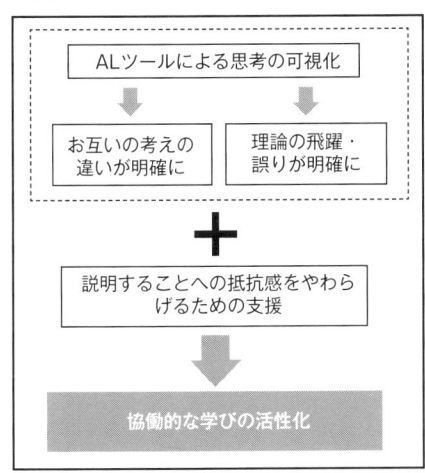

```
┌─────────────────────────────┐
│   ＡＬツールによる思考の可視化   │
│        ↓         ↓          │
│  ┌──────────┐ ┌──────────┐  │
│  │お互いの考えの│ │理論の飛躍・│  │
│  │違いが明確に │ │誤りが明確に│  │
│  └──────────┘ └──────────┘  │
└─────────────────────────────┘
            ＋
   ┌──────────────────┐
   │説明することへの抵抗感をやわら│
   │げるための支援       │
   └──────────────────┘
            ↓
      協働的な学びの活性化
```

協働的な学びの活性化のイメージ

①お互いの違いから学び合う

本単元では、ＡＬツールの活用により個々の考えの違いを可視化させ、「ここはどうしてつながるの？」と質問して教え合ったり、「ここの矢印は違うと思うよ」などと意見を言い合ったりする協働的な学びへとつなげた。

②自分の考えを説明しやすい

中学年の協働的な学びの場面では、自分の考えを思うように言葉にできず口をつぐんでしまう子供がよく見受けられる。そのような子供の話すことへの抵抗感をやわらげるため、本単元では、「すると」という接続詞をキーワードとして示し、説明に活用させた。

③論理の飛躍を対話で埋める

本時のＡＬツールでは、「12分別して処理する。すると、ごみの量が減る」といった論理の飛躍も予想されるが、逆にそのことでお互いの対話が促され、協働的な学びが深まると考える。

4 「学習評価」のデザイン

評価規準	ごみの処理や利用に関わる対策や事業が、人々の健康な生活や良好な生活環境を守るために進められていることを、具体的に説明している。		
	A	B	C
評価基準	12分別して処理することが、人々の健康な生活や良好な生活を守ることにつながるということを、複数の根拠を用いて具体的に説明できる。	12分別して処理することが、結果的に人々の健康な生活や良好な生活環境を守ることにつながるということを、具体的に説明できる。	12分別して処理することの利点を、断片的に説明できる。
子供の姿	ごみが減るし、エネルギーや資源を節約できるし、有害な水や煙を出さずに済むから、人々の今の暮らしを守ることができる。	エネルギーや資源が節約できるから、将来も人々が困らない。	12分別して処理すると、最終処分場のごみが減る。

本単元の思考・判断・表現を見取るルーブリック

本ＡＬツールは、一人一人の思考を可視化したものなので、「思考・判断・表現」の評価材料に最適である。本単元では、個人の段階でどのくらい考えることができたかを左のルーブリックを基に評価した。

■留意した点

個人での記入は鉛筆、グループの話合いを通しての加除・修正は青、全体の話合いを通して加除の修正は赤、というように色を決めて、授業後直ちに評価できるようにした。

■評定Ｃの子供への対応

授業後、板書のツリーを基に説明させ、協働を通して規準に達する思考に至ったかを確認した。

第4学年 全13時間

[本小単元の目標] 武蔵野新田開発に尽力した川崎平右衛門の働きについて、資料を活用して調べたりわかったことを整理して年表に表現したりして、地域の人々の生活の向上に尽くした川崎平右衛門の働きや苦心を考えるようにする。

【小単元】
郷土の発展に尽くす〜川崎平右衛門

●本小単元で付けたい力や育てたい態度

☐ 現在および過去の地域の人々の工夫や努力によって生み出された地域社会の特色やよさを考える力

☐ 自分たちの住んでいる地域社会の発展を考えようとする態度

資質・能力の育成イメージ

将来 過去から学び、他者と協力しながら現在の問題のよりよい解決を図る力

主な資質・能力

中学校
・我が国の歴史に対する愛情や国民としての自覚
・様々な資料を活用して歴史的事象を多面的・多角的に考察し、適切に表現する能力と態度

高学年
・国家・社会の発展に大きな働きをした先人の業績や優れた文化遺産についての興味・関心と理解
・我が国の歴史や伝統を大切にし、国を愛する心情

中学年
・具体的な資料から、人物の業績や人々の生活の変化に関する情報を集め、読み取り、まとめる技能
・時間の経過や人物の業績に着目して、社会的事象の意味を人々の生活と関連付けて考える力
・自分たちの住む地域に対する誇りと愛情

低学年（生活科等）
・身のまわりのものを観察しながら、対象に意欲的に関わり、身近な地域の様々な場所に関心を高め、それらと人々の関わりに気付く。

歴史や伝統と文化についての理解

社会科で育っていく子供たちの資質・能力

言語活動例

課題に沿って、各種の資料を収集し、それらを比較・吟味して考察した結果やその過程を説明したり議論したりする。

問題を解決するために必要な資料を収集し、友達と協力しながら問題解決に向けて話し合う。

それぞれの発達段階での言語を使いこなし、自分なりの問いに対する答えを見付けていく。

ひと・もの・ことなどについて気付いたことをまとめ、友達と伝え合う。

STEP 01 子供の思考をアクティブにする仕掛け

調べた事実やそこから考えたことを、友達と出し合い、子供たち自身で思考を深めていく学び合いを実現させたい！

▼ そこで…

「学びの方法」を活用して、友達と学び合いながら自分なりの問いに対する答えを見付け出す。

ALツール 学びの方法セット 〜3つのポイントを、子供たちと共有する

第2時

問「AからBに変わったのは、誰がどのようなことをしたからだろう？」

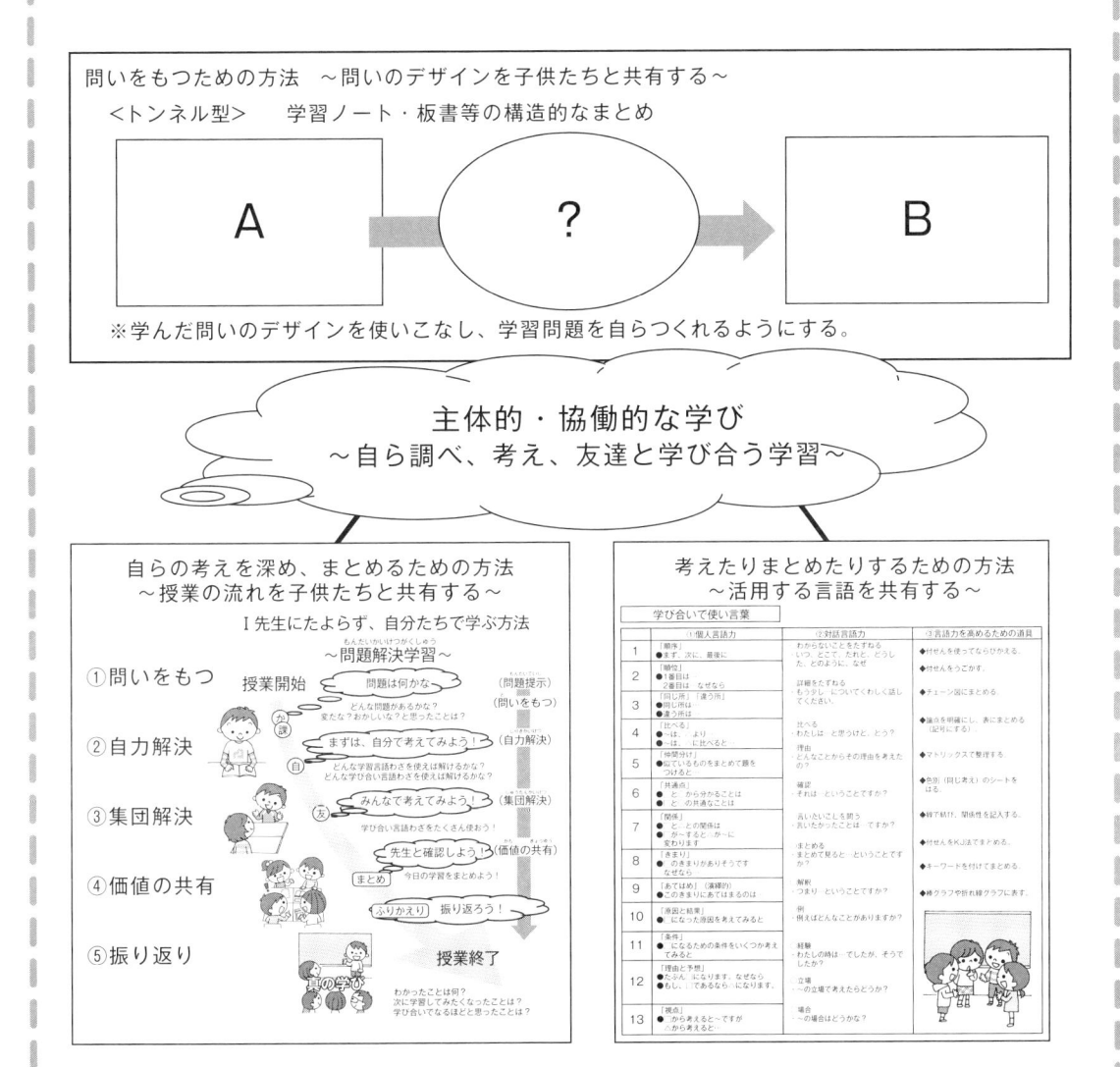

問いをもつための方法 〜問いのデザインを子供たちと共有する〜

<トンネル型>　学習ノート・板書等の構造的なまとめ

```
[ A ] →( ? )→ [ B ]
```

※学んだ問いのデザインを使いこなし、学習問題を自らつくれるようにする。

主体的・協働的な学び
〜自ら調べ、考え、友達と学び合う学習〜

自らの考えを深め、まとめるための方法
〜授業の流れを子供たちと共有する〜

Ⅰ 先生にたよらず、自分たちで学ぶ方法
〜問題解決学習〜

① 問いをもつ　授業開始　問題は何かな（問題提示）
　　　　　　　　　　　どんな問題があるかな？（問いをもつ）
　　　　　　　　　　　変かな？おかしいな？と思ったことは？

② 自力解決　　まずは、自分で考えてみよう！（自力解決）
　　　　　　　どんな学習言葉を使えば解けるかな？
　　　　　　　どんな学び合い言葉を使えば解けるかな？

③ 集団解決　　みんなで考えてみよう！（集団解決）
　　　　　　　学び合い言葉をたくさん使おう！

④ 価値の共有　先生と確認しよう！（価値の共有）
　　　　　　　今日の学習をまとめよう

⑤ 振り返り　　ふりかえり　振り返ろう！
　　　　　　　授業終了
　　　　　　　わかったことは何？
　　　　　　　次に学習してみたくなったことは？
　　　　　　　学び合いしてるほどと思ったことは？

考えたりまとめたりするための方法
〜活用する言語を共有する〜

	学び合いで使う言葉		
	①個人言語力	②対話言語力	③言語力を高めるための道具
1	[順序]　まず、次に、最後に	わからないことをたずねる　いつ、どこで、だれと、どうした、どのように、なぜ	●付せんを使ってならびかえる。
2	[順位]　1番目は　2番目は	●付せんをうごかす。
3	[同じ所]〔違う所〕　同じ所は　違う所は	詳細をたずねる　もう少し〜についてくわしく話してください。	●チェーン図にまとめる。
4	[比べる]　〜は　〜より　〜は、〜に比べると	比べる　わたしは　〜とぎって、〜？	●論点を明確にし、表にまとめる（記号にする）。
5	[時関連付け]　似ているものをまとめて題をつける	理由　どんなことからその理由を考えたの？	●マトリックスで整理する。
6	[共通点]　〜と　〜から分かることは　〜と　〜の共通点は	確認　それは〜ということですか？	●色（はしあい）のシートをはる。
7	[関係]　〜と　〜の関係は　〜が〜すると、〜が〜に変わります	言いたいことも聞く　言いたかったことは〜ですか？	●線で結び、関係性を記入する。
8	[きまり]　〜のきまりがありそうです　なぜなら	まとめる　まとめて見ると〜ということですか？	●付せんをKJ法でまとめる。
9	[あてはめ]〔演繹的〕　このきまりにあてはめると	解釈　つまり、〜ということですか？	●キーワードでまとめる。
10	[原因と結果]　〜になった原因を考えてみると	例　例えばどんなことがありますか？	●グラフや折れ線グラフに表す。
11	[条件]　〜になるための条件をいくつか考えてみると	経験　わたしの時は〜でしたが、そうでしたか？	
12	[理由と予想]　たぶん、〜になります。なぜなら　もし、〜であるなら、〜になります。	立場　〜の立場で考えたらどうか？	
13	[視点]　〜から考えると〜ですが　〜から考えると	場合　〜の場合はどうかな？	

第4学年・全13時間　|　077

STEP 02　本小単元の全体イメージ

●評価規準

社会的事象への関心・意欲・態度	①地域の昔のくらしや土地の様子に関心をもち意欲的に調べている。 ②地域の発展に尽くした川崎平右衛門に関心をもち、それを伝えていこうとしている。
社会的な思考・判断・表現	①川崎平右衛門の働きによる土地の変化を知り、疑問に感じたことをもとに学習問題をつくり、学習計画を立てている。 ②地域の人々の願いや生活の向上と先人の働きや苦心、工夫や努力とを関連付けて考え、適切に表現している。

単元の展開

①問題をつかむ

地域の昔の土地の様子や人々のくらしはどのようなものかな？

単元の展開

学習問題を設定しよう

第1・2時　300年前の地域の様子を表したイラストと、それから100年後の地域の様子を表したイラストを比較し、その変化から川崎平右衛門が何を行ったのか疑問をもち、学習問題を設定する。　本時

[学習問題] 川崎平右衛門は、どのようにして人々を飢饉から救い、地域の発展に尽くしたのだろう。

言語活動の展開

川崎平右衛門

300年前と100年前の地域の様子を比較する

②調べる

川崎平右衛門が行ったことについて調べよう

●調べたことをまとめよう

第3〜7時　武蔵野新田開発、治水対策と工事、その他の平右衛門の活躍について調べる。

・学習計画に沿って、必要な情報を収集する。
・図書館や歴史博物館を活用する。

＜調べカード＞

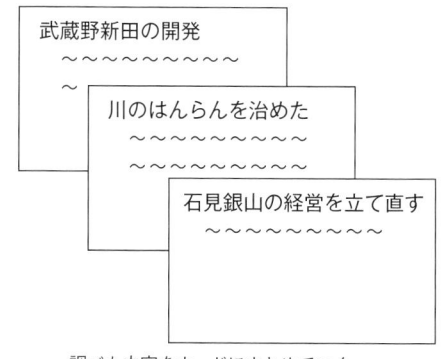

武蔵野新田の開発
〜〜〜〜〜〜〜〜
〜

川のはんらんを治めた
〜〜〜〜〜〜〜〜
〜〜〜〜〜〜〜〜

石見銀山の経営を立て直す
〜〜〜〜〜〜〜〜

調べた内容をカードにまとめていく

観察・資料活用の技能	①川崎平右衛門の具体的事例について、年表や史料から必要な情報を読み取ったり整理したりしている。 ②学習したことを新聞にまとめている。
社会的事象についての知識・理解	①新田開発によって武蔵野新田が農産物を安定して生産できる土地になっていったことを理解している。 ②川崎平右衛門の願いや働きが、当時の人々の生活の変化につながったことを理解している。

③考え・学び合う

川崎平右衛門が行った意味は何だろう？

●調べてわかったことを話し合おう

第8・9時 川崎平右衛門についての調べカードを出し合い、地域の発展の様子と関連付けながら、働きや苦心の意味について考え、構造的に整理する。

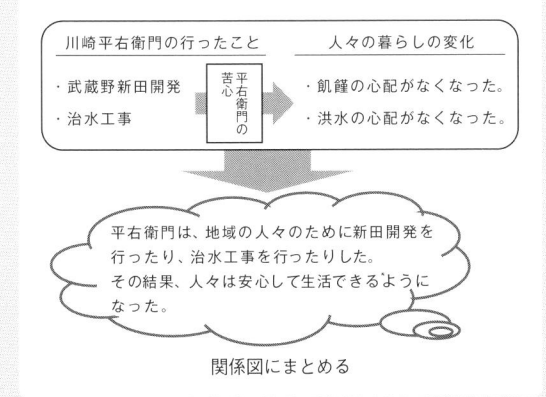

川崎平右衛門の行ったこと		人々の暮らしの変化
・武蔵野新田開発 ・治水工事	平右衛門の苦心	・飢饉の心配がなくなった。 ・洪水の心配がなくなった。

平右衛門は、地域の人々のために新田開発を行ったり、治水工事を行ったりした。その結果、人々は安心して生活できるようになった。

関係図にまとめる

④まとめ・生かす

わかったことを紙芝居にまとめ、地域の人に知ってもらおう

●平右衛門の業績について紙芝居にまとめ、伝えよう

第10〜12時 調べたことを生かし、平右衛門の行ったこととその意味、自分の考えをまとめた紙芝居をつくる。

第13時 地域の方や歴史博物館の方等に、作成した紙芝居を使って学んだことを発表する。

地域の人々のために苦労しながらも働いてきた川崎平右衛門はすごいと思います。
そんな平右衛門が私たちと同じ地域の出身だということをとても嬉しく思います。

紙芝居を使って発表する

第4学年・全13時間

STEP 03 本時のアクティブ・ラーニング・モデル

展開1 問いを共有化する

地域の変化から学習問題をつくる

　授業の導入では、本時では何をどのように考えるのかを全員で共有する。

　前時で学んだ300年前頃の地域の様子について事実を再確認し、そこから100年ほど経った地域のイラストを提示する。

　地域の様子の変化に驚きをもたせた上で、川崎平右衛門の情報を提示し、「川崎平右衛門さんに聞いてみたいことは何かありますか？」と発問する。

　子供たちの主体的な問題解決を促すために、「事実との当面」「疑問の集約化」「問題化」といった学習問題づくりの過程を大切にする。

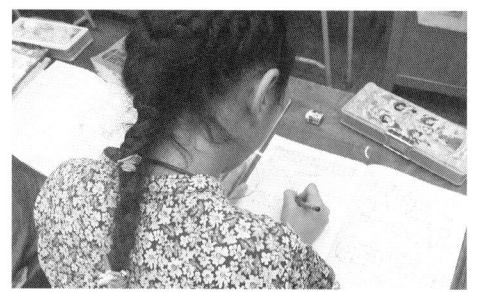

展開2 自力解決する

まずは自力解決、その後ペアを見つけ情報交換

　川崎平右衛門に聞いてみたいことをノートに書く。問いに対してまずは自分で考えてみることが大切である。

　時間がある程度経ったら、教室内でペアを見付け、どのようなことを書いたか情報交換する場面をつくり、全員が課題に取り組めるようにする。

● 子供たちの反応
・どうして地域の様子が変わったのか
・平右衛門さんはどのようなことをしたのか
・食糧をつくるためには水が必要だから、どこからか水を引いてきたのではないか。
・洪水のための対策も何かしたに違いない。

ALツール活用のポイント　〜主体的・協働的な学び合いを実現するための方法

①学び合いの方法を指導する〜基調提案型相互指名〜

　子供たちの学びが主体的・協働的となるために、相互指名方式を取り入れる。しかし、ただ意見を出し合わせるだけでは、話合いに深まりが生まれない。

　相互指名の進め方として、一人の提案者の発言について、質問、付け足しをさせ、提案者が納得したら次の発言に移るといった形をとった。このように基調とする提案に対して話し合う仕組みをつくることで、「応答」の関係が生まれ、ただ自分の思いを述べるだけの話合いから脱却することができる。

②子供たちの学び合いを構造的に板書する

　相互指名で出される子供たちの意見は、トンネル型の問いのデザインをレイアウトし、教師が構造的に板書していく。

　本時では、土地の様子の変化の事実から、なぜこのように変化したのかといった疑問を見いだす。これまで身に付けてきた知識や社会的な見方・考え方を活用する中で「水」「人」等に着眼し、提示された川崎平右衛門がどのようなことをしたのかといった問題意識までつなげていく。

　問題がまとまった後は、学習計画表に調べる計画を整理していく。

展開3 集団解決する

グループでの学び合い、その後一斉での学び合い

少人数グループでの学び合いを入れることで、自信をもって一斉での学び合いに進める。わからない子供への支援にもなる。

● 学び合いの方法と学び合いの言語の提示

一斉での学び合いは、相互指名で行う。教師対子供の一問一答となることを避けるためである。学び合いに必要となる言語を提示し、活用させながら学び合いを支援する。

また、子供同士の相互指名で授業を展開する際には、いかに教師が適切に介入するかが重要である。子供たちの話合いが事実を並べるだけに留まらないよう、切り返しの発問を行っていく。

展開4 価値を共有化し振り返りをする

本時の振り返りをノートに書く

子供たちの言葉を使って学習問題をつくり、本時の振り返りをノートに書く。振り返りの視点としては、①問いはもてたか（ねらいの達成）、②友達と学び合い、考えを深められたか（学習方法の見直し）、の2点を提示する。

何を学べたかだけでなく、どのように学べたかまで自己評価させることが重要である。しっかりと自分の学びを見つめている子供の振り返りは、学級全体に紹介し、モデルとして提示する。

子供の振り返りの言葉を生かして、授業の導入を行うなどの工夫をすると、問いの連続性が生まれ、子供たちがより主体的に調べ活動を行うことができるようになる。

板書例

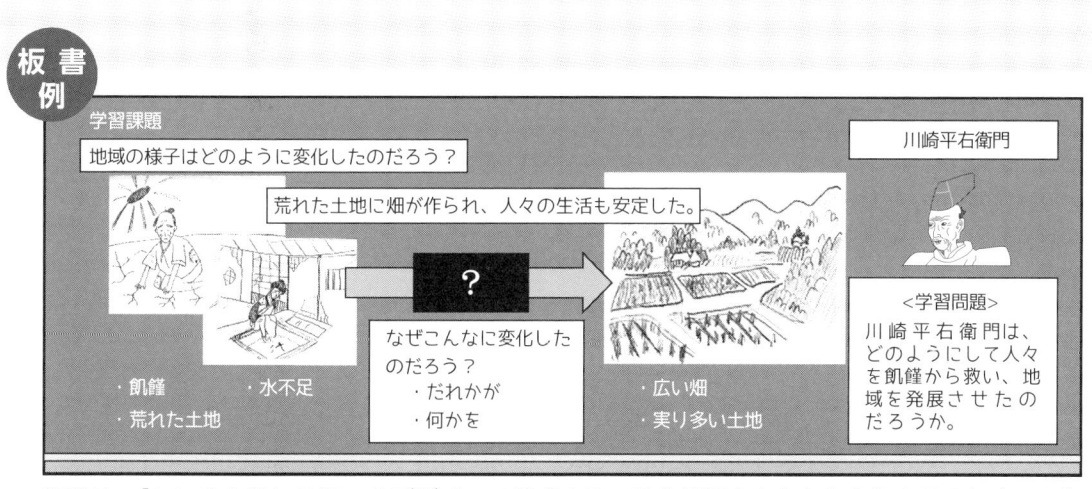

学習課題：地域の様子はどのように変化したのだろう？

荒れた土地に畑が作られ、人々の生活も安定した。

なぜこんなに変化したのだろう？
・だれかが
・何かを

・飢饉　・水不足
・荒れた土地

・広い畑
・実り多い土地

川崎平右衛門

＜学習問題＞
川崎平右衛門は、どのようにして人々を飢饉から救い、地域を発展させたのだろうか。

板書は、「トンネル型」の問いのデザインで構成する。社会状況の変化をとらえさせるために、象徴的な2種類の写真を提示する。学び合いの際に出された子供の気付きは、名前のマグネットを使いながら整理して板書する。

STEP 04　本小単元における授業の４つのデザイン

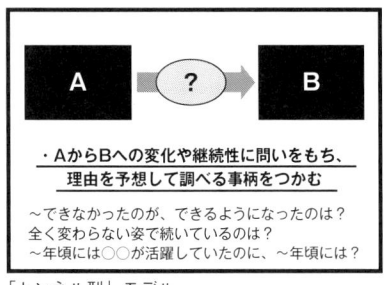

1 「問い」のデザイン

「トンネル型」モデル
- AからBへの変化や継続性に問いをもち、理由を予想して調べる事柄をつかむ

～できなかったのが、できるようになったのは？
全く変わらない姿で続いているのは？
～年頃には○○が活躍していたのに、～年頃には？

①**事実への当面：**単元のはじめに、武蔵野台地周辺の土地の様子や人々の暮らしぶりについての事実に当面させる。飢饉や洪水があったこと、まだまだ未開発な土地が多かったことなどに気付かせていく(A)。新田開発前の状況をしっかりと理解させることで、新田開発後の発展の状況と比較しやすくなり、子供たちから自然と疑問を引き出すことができる。

②**疑問の集約化と予想：**(A)と(B)の土地の様子の変化から、子供たちは「なぜこのような変化が起きたのか」という疑問をもつ。この疑問について、「人々が飢饉や洪水に対して何かをしたにちがいない」といった予想を考えていく。これまで学習してきた内容や、子供たちの生活経験、先行知識を使いながら考えるよう支援する。

③**新たな事実の提示と問題化：**子供たちから「人」の着眼点を引き出した後は、先人を登場させる。本時では、「川崎平右衛門」の肖像を提示した。この人物が土地の発展に大きく関係している事実を与えることで、子供たちは、「川崎平右衛門は、どのようなことをしたのか」といった問題につなげていくことができる。「なぜ」という疑問から「どのように」という問題にしていく流れである。

2 「教材化」のデザイン

中心概念
川崎平右衛門の行った新田開発等の事業により、市内の地域の人々の生活はより豊かになった。そうした先人の工夫や努力、苦心の上に現在私たちは生活している。

基本的要素
- 川崎平右衛門は、新田開発や治水対策等の事業を行い、地域の発展のために尽力した。
- 川崎平右衛門の働きによって、地域の人々の生活が向上し、それは現在の私たちの生活にもつながっている。

具体的な事柄
- 飢饉等の事実
- 新田開発
- 治水対策
- 堤防工事
- 市周辺の発展
- 平右衛門の出世
- 業績
- 市内銅像
- 現在につながる

　本小単元では、教材として取り上げる先人の選定がとても重要となる。今回川崎平右衛門を取り上げたのは、その多大なる功績の事実はもちろんのこと、子供たちの通う学校の学区域出身者だった事実があったからである。

　子供たちにとって、本当に身近に感じられる人物を教材化することで、科学的な理解・共感的理解の両面から、郷土を愛する心を育てていくことにもつなげていくことができる。

　地域の図書館や歴史館などとも連携しながら学習を進めることもできるので、子供たちが自らそうした施設に足を運び、自ら調べ進めるといった姿も期待できる。

3 「協働的な学び」のデザイン～土台となる1単位時間の学びの流れ

①問いをもつ	・本時で何を調べ、考えるか ・どのように調べるか
②自力解決	・まずは問いに対する自分の考えを書く
③集団解決	・事実を関連付けながら、問いに対する答えを皆で考える
④価値の共有	・自分の言葉で本時のまとめをする
⑤振り返り	・何がわかったか、どのように学べたかを自己評価する

1単位時間あたりの学習過程

協働的な学びを成立させていくためには、以下の5つが重要である。
　①子供が問いをもつ場面があること
　②自分の考えをもつ場面があること
　③集団で思考する場面があること
　④本時での学びの価値を共有する場面があること
　⑤自らの学びを振り返る場面があること
　そこで、この①～⑤の場面を1単位時間の中で設定し、子供たちと共有する。
　集団解決時の学び合いを充実させるために、自力解決でペア学習による情報交換を入れたり、一斉での話合いの前に少人数討議を入れたりする。自分なりの考えをもてていないと、協働的に学び合うことはできないからである。

4 「学習評価」のデザイン

　バランスのとれた学習評価を目指し、多様な学習活動に取り組ませ、パフォーマンス評価によって多面的な評価を行っていくことが求められている。
　本実践では、学び合い時の発言内容、書き溜めた毎時間の振り返りの記述、最終的な単元のまとめである紙芝居で評価を行った。

〔思考・判断・表現〕

評価規準	地域の人々の願いや生活の向上と先人の働きや苦心、工夫や努力とを関連付けて考え、適切に表現している。		
	A	B	C
評価基準	社会的事象のつながりを面でとらえる。 ・先人の働きと苦心を人々の生活の向上と結び付けて考え、現在の私たちの生活とそれらのつながりとを総合的に説明することができる。	社会的事象のつながりを線でとらえる。 ・先人の働きと苦心を人々の生活の向上と結び付けて考え、それらのつながりを説明することができる。	社会的事象のつながりを点でとらえる。 ・先人の働きと苦心を人々の生活の向上と結び付けて考えることが困難で、事象を説明することができない。
子供の姿	平右衛門の新田開発における働きや治水対策により、市周辺の地域が発展し、人々の生活が向上した。現在の私たちの生活も、こうした先人の働きによってつくられている。	平右衛門の新田開発における働きや治水対策により、市周辺の地域が発展し、人々の生活が向上した。	平右衛門は新田開発を行った。治水対策を行った。市周辺の地域は発展し、人々の生活が向上した。

第4学年・全13時間 | 083

第4学年 全9時間

[本小単元の目標] 特色ある地域の様子について、県の地図や地図帳、収集した資料やインターネットなどを活用して調べ、史跡や自然などの地域の資源を保護・活用している太宰府市のまちづくりの特色やよさを、人々の工夫や努力と関連付けて考えることができる。

【小単元】
歴史を生かした太宰府市のまちづくり

● 本小単元で付けたい力や育てたい態度

○ 歴史遺産を保護・活用する取組について調べたり、考えをノートに書いたり、話し合ったりする活動を通して、まちづくりの特色を考える力

○ 地域社会の発展を考えようとする態度

資質・能力の育成イメージ

将来 地域の特色がわかる情報を集めたり、読み取ったりして生活に役立てる力

主な資質・能力	言語活動例
中学校 ・位置や分布に着目し、社会的事象を人々の生活とを関連付けて地域の特色をとらえる力 ・社会的事象を多面的・多角的に考察する能力や態度	課題に沿って各種の資料を収集し、それらを比較・吟味して考察したことやその過程を説明したり議論したりする。
高学年 ・我が国の国土の特色について、自然条件や人々の生活と関連付けて考える力 ・国土の保全への関心や国土を愛する心情	問題を解決するために、必要な資料や情報を集め、調べて自ら考えたことを友達の考えと比べながら、問題解決に向けて話し合う。
中学年 ・地域社会の地理的環境についての情報を集め、読み取り、まとめる技能 ・人々の生活と関連付けてその特色を考える力 ・地域社会に対する誇りと愛情、よりよい地域社会を考えようとする態度	まちづくりの様子について調べたことを基に、人々のまちづくりにかける思いについて話し合う。
低学年（生活科等） ・身のまわりのものを観察しながら、対象に意欲的に関わり、身近な地域の様々な場所に関心を高め、それらと人々の関わりに気付く。	ひと・もの・ことなどについて気付いたことを絵カードなどにまとめ、気付きを友達と伝え合う。

社会の仕組みや働き、歴史や伝統と文化についての理解

社会科で育っていく子供たちの資質・能力

STEP 01 子供の思考をアクティブにする仕掛け

歴史遺産の保護までの経緯について話し合う活動を通して、地域の歴史を守り、生かそうとする市民の思いや願いを考えさせたい！

▼ そこで…

「ホワイトボード」を活用して、自分なりの根拠をもって、歴史遺産の保護に向けて、どのような取組をしたのかを予想する。

ALツール ホワイトボード 第5時

問「歴史遺産はどのようにして守られたのだろう」

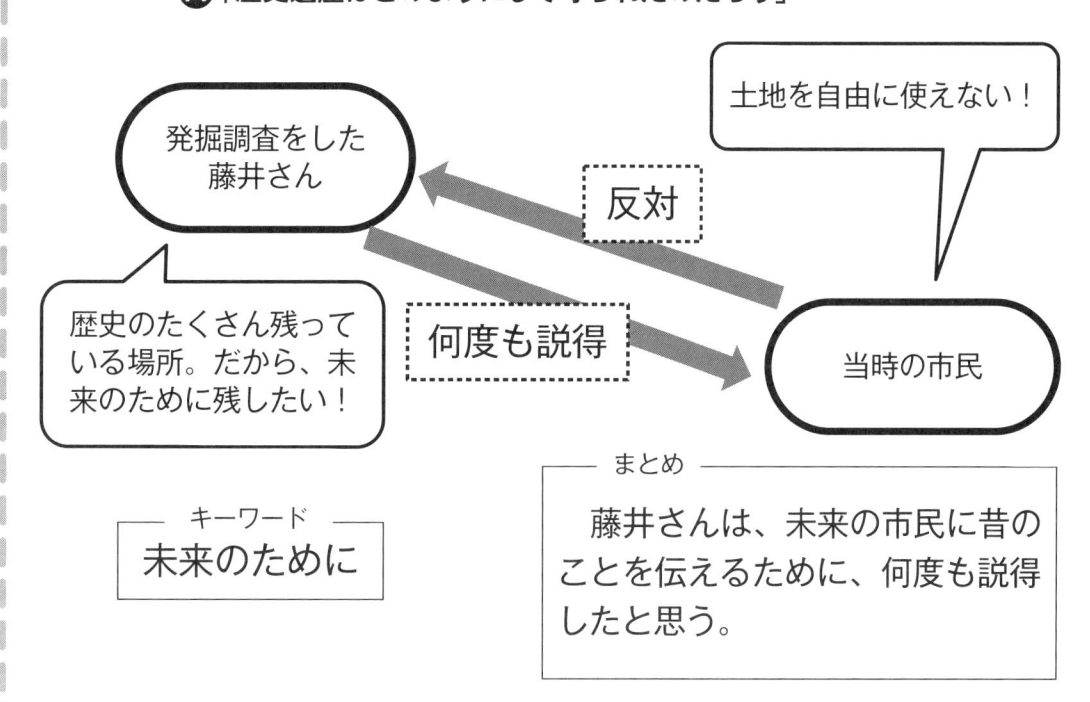

- 発掘調査をした藤井さん
  - 歴史のたくさん残っている場所。だから、未来のために残したい！
- 当時の市民
  - 土地を自由に使えない！
- 反対
- 何度も説得

キーワード
未来のために

まとめ
藤井さんは、未来の市民に昔のことを伝えるために、何度も説得したと思う。

[特徴]
①ホワイトボード上にそれぞれの立場の人を書く。（少し離して書くのがポイント）
②間に相対する矢印線を書き、対象者に対して、どのような働きかけ、反応をしたのかを書き入れ、お互いの関係を図に表す。
③どのような思いであったかを、調べたことを基に予想し、吹き出しにして書き加える。
④歴史遺産の保護の決め手となる思いを「キーワード」として記述する。さらに、ホワイトボードに表した関係図を「まとめ」として記述する。こうすることで、この後、わかりやすく、簡潔にそれぞれの考えを交流することができる。

STEP 02　本小単元の全体イメージ

● 評価規準

社会的事象への 関心・意欲・態度	①太宰府市の様子について関心をもち、意欲的に調べている。 ②太宰府市のまちづくりの特色やよさを考えようとしている。
社会的な思考・判断・表現	①太宰府市のまちづくりの様子について学習問題や予想、学習計画を考え表現している。 ②まちづくりの特色を歴史遺産の保護・活用に込められた太宰府市に人々の思いや願いと関連付けて考え、適切に表現している。

単元の展開

①問題をつかむ

太宰市のまちは、どんな様子かな？

単元の展開

学習計画を立てよう

第1時　資料を基に、太宰府市に観光客がたくさん来る理由について予想し、学習問題を設定する。

・具体的な数や観光地図などから観光客の多さを具体的につかませ、どんなまちか知りたいという意欲を高め、観光客が来る理由を予想し、学習問題を設定する。

[学習問題] たくさんの観光客が来る太宰府市は、どのようなまちづくりをしているのだろう。

言語活動の展開

資料から太宰府市のまちの様子について気付いたことを発表する

②調べる

太宰府市のまちの様子や人々の生活の様子について調べよう

●太宰府市のまちの様子について調べよう

第2～4時　太宰府市のまちの様子について調べ、まちづくりや人々の生活の様子について話し合う。

・市の様子がわかる資料を活用し、調べ活動を行い、太宰府市には歴史遺産や自然が多く残っていることに気付くことができるようにする。

第5時　歴史遺産の保護に至るまでの経緯を調べ、歴史遺産を守ってきた人たちの思いや願いについて考える。　[本時]

・ホワイトボードを使い、歴史遺産の保護に向けて、どのような取組をしたのかを予想する。

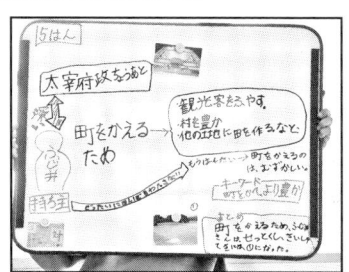

遺産保護までの経緯を関係図に表し、整理する

086　|　歴史を生かした太宰府市のまちづくり

観察・資料活用の技能	①地図や資料、インターネットなどを活用して、太宰府市のまちづくりについて必要な情報を集め、読み取っている。 ②太宰府市のまちづくりの特色について調べてわかったことや考えたことをガイドブックにまとめている。
社会的事象についての知識・理解	①地域の史跡や自然を保護・活用してまちづくりをしている太宰府市のまちづくりと人々の生活の様子を理解している。 ②太宰府市のまちづくりの特色を具体的に理解している。

③考え・学び合う

太宰府市は、これからどのような
まちづくりをめざしているのだろう？

●これからのまちづくりについて話し合おう

第6時 歴史遺産を生かす取組について調べ、現在のまちづくりについて考える。

・門前町の電線を地下に埋設するなど、景観を守るまちづくりを通して、市役所の取組や現在のまちづくりに対する人々の思いや願いについて考える。

第7時 太宰府市がこれから、どのようなまちづくりをめざしているのかを話し合う。

・市民遺産の取組を基に、市民参加のまちづくりを行っていることに気付かせるようにする。また、市民のアンケート等からこれからのまちづくりについての市民の思いや願いを考えるようにする。

これからのまちづくりについての市民の思いや願いを考える

④まとめ・生かす

太宰府市のまちづくりの様子を
ガイドブックにまとめて、伝えよう

●まちづくりの特色やよさをまとめ、伝えよう

第8～9時 太宰府市のまちづくりの特色やよさを考え、表現する。

・これまで学習してきたことを基に、太宰府市のまちづくりの様子を伝えるガイドブックをつくる。

ガイドブック（表紙）

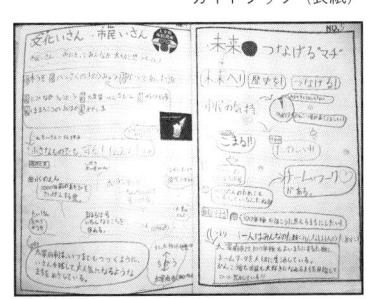

ガイドブック（内容）

第4学年・全9時間 | 087

STEP 03　本時のアクティブ・ラーニング・モデル

展開 1　本時の問いを確認する

昔と今の様子がわかる写真を見て、比較し、本時の問いをもつ

昔（50年前）と今の大宰府政庁跡の写真を比較することで、貴重な歴史遺産を残そうとした取組があったことに気付き、本時の見通しを立てる。

●実際の授業（教師Tと子供たちC）
- T　今から50年ほど前の政庁跡付近の写真です。
- C　今の様子とずいぶんちがうね。
- C　今は政庁跡がはっきりとあるけど、昔の様子からは、わからないよ。
- T　昔は水田として土地が利用されていたそうです。
- C　どのように今のようなまちになったのかな。
- C　太宰府市の昔の様子について調べたいね！

展開 2　自分（グループ）の考えをまとめる

それぞれの考えを出し合い、ホワイトボードにまとめていく

ホワイトボードを使い、それぞれの考えを出し合い、グループの考えへとまとめていく。

本時では、「歴史遺産を残すために、だれがどのようにして取り組んでいったのか」という問いについて、調べたことを基に考えていく。

ホワイトボードでは、社会的事象（関わった人・立場）を矢印でつなぎ、どのような働きかけ、反応をしたのかを関係図にして表していく。

関係図が完成すると、それが表していることがらを「キーワード」として書くとともに、（赤字で記述）、まとめとして文でも記述する。（青字で記述）

ALツール活用のポイント　～主体的・協働的な学びを実現する内化と外化

「ホワイトボード」の活用のポイント

①考えの根拠となる事実をとらえる

本時で活発な学習活動を展開するには、考えの根拠となる事実を知識として習得しておくことである。前時までの調べ学習の充実、本時での昔のまちの様子の資料の提示が重要である。

②関係図を説明することが重要

「歴史遺産の保護に携わった中心人物」と「市民」がどのようにつながっているのかを、事実や人の思いを書いた吹き出しを基にていねいに説明することが大切である。

その際、用いた矢印線の因果関係を明らかにしたり、キーワードの表す意味を説明したりする指導を大切にしたい。

③友達との違いを重視

ALツールを使うことで、それぞれの考えの共通点と相違点が可視化される。違いに着目して対話を活性化したり、共通していることから学習のまとめを導き出したりすることができる。

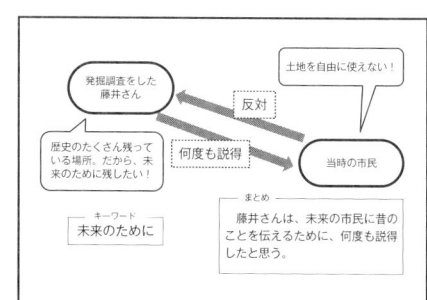

第5時

展開3 全体で話し合う

ホワイトボードの関係図を見合い、それぞれの考えを比較する

　グループで考えたことを、全体で交流する。ホワイトボードを提示しながら、それぞれの考えの共通点や相違点をとらえていく。

　教師の役割として、発表の中で出されたキーワードを板書していき、歴史遺産の保護についての賛成、反対のそれぞれの立場について考えることができるようにする。

　交流の後には、出されたキーワードを基に、歴史遺産の保護に向けた取組を整理していく。

　その際、反対していた市民も一緒になって発掘作業をはじめた事実も伝え、市民が一体となって保護に向けた取組を行っていったことをとらえる。

展開4 本時を振り返り、次時を見通す

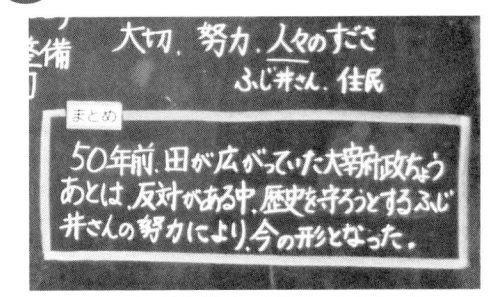

キーワードを基に、本時のまとめをする

● 実際の授業（教師Tと子供たちC）

T　今日の学習でわかったこと、考えたことはどんなことでしょう。
C　昔の太宰府市の様子がよくわかりました。
C　反対する市民の人たちと一緒に発掘作業をして、歴史遺産の貴重さを理解してもらおうとしたんだね。
C　貴重な歴史遺産を守るために、たくさんの人が話し合い、理解してもらったからこそ、今の太宰府市ができたんだね。
C　今は、どんなまちづくりをしているのか調べていきたいね。　（⇒次時の学習問題へ）

板書例

「ホワイトボード」を使った発表から出されたそれぞれのキーワードを書き込み、構造的な板書を構成していく。また、キーワードをまとめた言葉を全体の考えとして表していく。

STEP 04 本小単元における授業の４つのデザイン

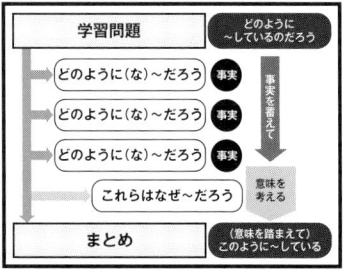

1 「問い」のデザイン

「どのように型」モデル

①**単元のはじめに、現在のまちの様子の資料を提示**：単元の最初に、市の有名な史跡の写真を提示。「行ったことがあるよ」「人がとってもたくさん来ていたよ」など、経験を基に知っていることを出し合う。次に、人口や面積、観光客数などを自分たちの市と比べることから、「自分たちの市とは様子がちがうようだ」という気付きから問いを生成する。「どのようなまちづくりをしているのかを知りたい」という欲求を促す問いのデザインである。

②**生かす場面で学びを発信する**：どのようなまちづくりをしているかがわかったら、その学びを誰かに伝えたい、という思いを高めさせることが大切である。ここでは生かす場面で、その表現方法としてガイドブックをつくる場を設定し、まちの様子を知らない人に知らせることができるようにした。

③**調べる活動を通して生まれる新たな問い**：まちづくりの様子を調べていく過程で、まちづくりは過去から現在、そして未来へ続いていることがわかってくる。その中で、「どのような活動が行われてきたのか」「どんな思いや願いが込められているのか」という深い問いを生成する。深い問いを生成することで、これまでの学びを再構成する思考を促すことができる。

2 「教材化」のデザイン

本単元では、教師が県内の特色ある地域の様子を事前に教材研究しておくことが大切である。また、自然環境、伝統や文化、産業などから見て自分たちの住んでいる市とは異なり、比較することができる地域を取り上げることが教材化のポイントである。本単元で取り上げた太宰府市は、市の面積の約２割が国の特別史跡に指定されている全国的にも希少な都市で歴史を生かしたまちづくりを進めている。教材研究を進めていく中で、まちづくりの歴史には保存活動に尽力した人の努力と市民の意識の変化がわかってきた。現在は市民の願いを大切にし、まちの発展と歴史ある史跡の保護・活用を両立したまちづくりを推進している。

本単元を通して、子供たちは具体的資料から人々の生活の様子を追究していき、「市民の生活を大切にしながら、歴史を生かした」というまちづくりの様子をとらえることができた。

090 | 歴史を生かした太宰府市のまちづくり

3 「協働的な学び」のデザイン

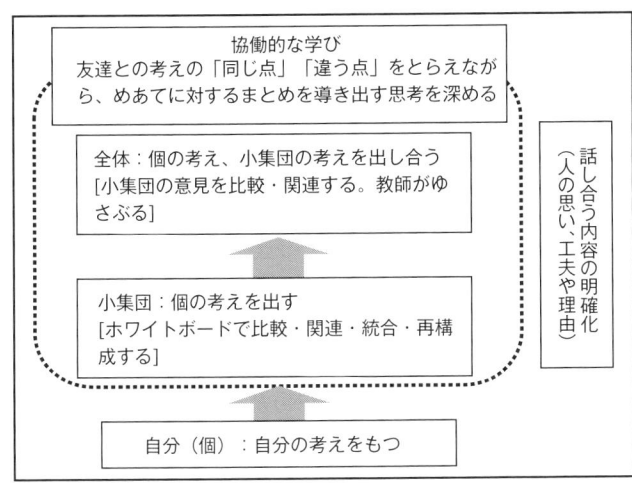

```
協働的な学び
友達との考えの「同じ点」「違う点」をとらえながら、めあてに対するまとめを導き出す思考を深める

全体：個の考え、小集団の考えを出し合う
[小集団の意見を比較・関連する。教師がゆさぶる]
　　　　　　↑
小集団：個の考えを出す
[ホワイトボードで比較・関連・統合・再構成する]
　　　　　　↑
自分（個）：自分の考えをもつ

話し合う内容の明確化（人の思い、工夫や理由）
```

①話し合う内容の明確化

話合いでは、「どの場面で、何を話し合うか」を考えることが大切である。1時間の授業をストーリーのように「起承転結」の4つの場面でとらえ、思考の深まり促す「転」の場面に位置付け、「反対する人もいる中で、どのように歴史遺産の保護に取り組んだのか」について考えるようにする。

②個と集団の関係

協働的な学びを充実するために、個の考えをもつことが重要である。本時でも調べて考える個の時間を十分に確保し、話合い活動へつなげていく。

③共通点、相違点の可視化

友達と意見を交えることで社会的事象を多面的に考え、判断することができる。「ホワイトボード」の活用により、共通点や相違点の可視化が可能となり、協働的な学びが活性化する。

4 「学習評価」のデザイン

評価規準	まちづくりの特色を歴史遺産の保護・活用に込められた太宰府市の人々の思いや願いと関連付けて考え、適切に表現している。（思考・判断・表現）		
	A	B	C
評価基準	歴史遺産の保護に込められた人々の願いを、取組の様子や反対する人々の思いを関連付けて考え、総合的に説明することができる。	歴史遺産の保護に込められた人々の思いや願いを取組の様子から考え、説明することができる。	歴史遺産の保護に込められた人々の思いや願いを取組の様子とつなげて考えることが困難である。
子供の姿	貴重な歴史遺産を守るために、たくさんの人が話し合い、理解し合ったからこそ、思いを一つにして、今の太宰府市のまちができたのだね。	歴史遺産を守るために、遺産の大切さを伝えたり、一緒に発掘作業をしたりして、まちづくりを進めていこうとしたんだね。	反対する市民に遺産を守るように話したり、一緒に発掘作業をしたりした。

「ホワイトボード」の活用は、子供自身の思考、集団での思考の可視化につながり評価の大きな資料となる。評価基準、具体的な子供の姿を表のように設定した。

■評定Bの子供の姿

歴史遺産の保護に携わる人の思いや願いを、その取組の様子を基に考え、関係図に表す姿をBと評価した。

■評定Aの子供の姿

「どちらの立場の人も住みよいまちをつくりたいという思いはつながっているね」と、まちづくりへの思いを比較、関連付けて考える姿をAと評価した。

■評定Cの子供の姿

歴史遺産の保護に向けた取組を個々バラバラにとらえている姿をCと評価した。Cの状況の子供には取組の様子と、そこに込められた願いや思いを関連付けて考えるよう助言した。

第5学年 全7時間

[本小単元の目標] 低地にくらす海津市の人々の生活について、水害からくらしを守る工夫、豊かな水と自然を生活や産業に生かす工夫などを、各種の資料を活用して具体的に調べ、国土の環境が人々の生活や産業と密接な関連をもっていることを考えるようにする。

低地のくらし

●本小単元で付けたい力や育てたい態度

○ 自然条件から見て特色ある地域で生活する人々の工夫の意味について、地形条件と関連付けて考え、根拠を示しながら図や文章などで説明する力

○ 自分たちの住む地域の特色を踏まえて、よりよい生活を創り出そうとする態度

資質・能力の育成イメージ

将来 国土の地形の特色をとらえたり、そのよさを生かしたりして自分たちの生活をよりよくしていこうとする態度

主な資質・能力 / **言語活動例**

中学校
・事象の位置や分布に着目し、それらと人々の生活とを関連付けて地域の地理的特色をとらえる地理的な見方や考え方
・社会的事象を多面的・多角的に考察する能力や態度

高学年
・事実を基にして社会的事象の意味を多面的に考える力
・国土の環境と自分たちの生活との関連について考えていこうとする態度や国土に対する愛情

中学年
・身近な地域の様子を調べて、地図記号を活用して平面地図にまとめる技能
・位置や分布に着目して、土地利用などの様子を自然条件や社会条件と関連付けて考える力

低学年（生活科等）
・身の回りのものを観察しながら、対象に意欲的に関わり、身近な地域の様々な場所に関心を高め、それらと人々の関わりに気付く。

（右側・言語活動例）

課題に沿って、各種の資料を収集し、それらを比較・吟味して考察した結果やその過程を説明したり議論したりする。

調べてわかったことを根拠にして、人々の努力や工夫の意味について考えたことを話し合う。

探検を通して自分がメモした情報を活用し、場所によって地域の様子が異なる理由を話し合う。

ひと・もの・ことなどについて気付いたことを絵カードに整理し、気付きを友達と伝え合う。

（中央矢印）地理的環境と人々の生活とのかかわりについての理解 / 社会科で育っていく子供たちの資質・能力

STEP 01 子供の思考をアクティブにする仕掛け

地形条件と関連付けて社会的事象の意味について考えたことを、根拠を明確にして説明させたい！

そこで…

「もしもワールド」を活用して、地形条件と関連付けながら人々の工夫の意味を明らかにする。

ALツール もしもワールド 第6時

問「もしもこの工夫がなかったらどうなるのだろう」

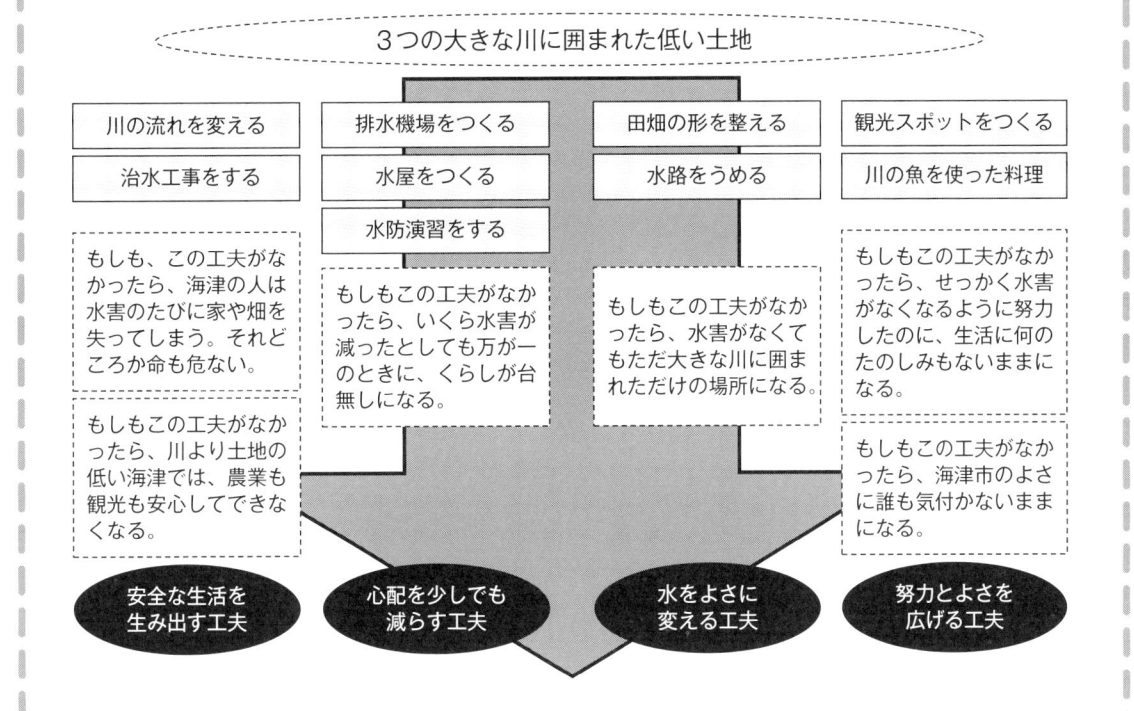

３つの大きな川に囲まれた低い土地

川の流れを変える	排水機場をつくる	田畑の形を整える	観光スポットをつくる
治水工事をする	水屋をつくる	水路をうめる	川の魚を使った料理
	水防演習をする		

もしも、この工夫がなかったら、海津の人は水害のたびに家や畑を失ってしまう。それどころか命も危ない。

もしもこの工夫がなかったら、いくら水害が減ったとしても万が一のときに、くらしが台無しになる。

もしもこの工夫がなかったら、水害がなくてもただ大きな川に囲まれただけの場所になる。

もしもこの工夫がなかったら、せっかく水害がなくなるように努力したのに、生活に何のたのしみもないままになる。

もしもこの工夫がなかったら、川より土地の低い海津では、農業も観光も安心してできなくなる。

もしもこの工夫がなかったら、海津市のよさに誰も気付かないままになる。

- 安全な生活を生み出す工夫
- 心配を少しでも減らす工夫
- 水をよさに変える工夫
- 努力とよさを広げる工夫

[特徴]

① 地形条件から見た特色を一番上に書く。その下に具体的な取組を書いていく。
② 具体的な取組がどのような意図や目的で行われていて、それが海津市の人々の生活や地形条件にどのように関連しているのか、子供たちが考えられるようにしたい。そこで、点線の四角には、「もしもこの工夫がなかったら…」と書いていく。
③ 「もしも…」と表現することで、社会的事象の意味を考える対話が活性化し、協働的な学びによって、考えを深めることができる。

第5学年・全7時間

STEP 02 本小単元の全体イメージ

● 評価規準

社会的事象への 関心・意欲・態度	①低地にくらす海津市の人々の生活について関心をもち、意欲的に調べている。 ②低地という地形条件を生かした生活のよさを考えようとしている。
社会的な思考・判断・表現	①海津市の人々の生活について、学習問題や予想、学習計画を考えて表現している。 ②海津市の地形条件と人々の生活や産業を関連付けて、国土の環境が人々の生活や産業と密接な関連をもっていることについて考え、適切に表現している。

単元の展開

①問題をつかむ
海津市の土地の様子や人々のくらしを調べて、そのよさをアピールしよう

学習計画を立てよう

第1時 海津市の土地の様子や人々のくらしを調べ、そのよさをアピールするための学習問題をつかみ、学習計画を立てる。

・海津市の土地の様子について、航空写真や土地の高さを示した図から考えたことや疑問に思ったことを話し合い、土地の様子や人々のくらしに関心をもち、学習問題を設定する。

[学習問題] 川より低い土地に住む海津市の人々のくらしや産業には、どのような工夫があるのだろう。

言語活動の展開

写真や図から見付けた事実をもとに、「〜ということは…かな？」と考えたことや疑問に思ったことを話し合う

②調べる
海津市の土地の様子や人々のくらしを、資料を活用して調べよう

● 調べたことをまとめよう

第2〜5時 水害からくらしを守る取組、豊かな水を農業や観光に生かすための工夫などの視点を決めて調べる。

・調べる前に予想を立てる。
・海津市のホームページや観光パンフレット、ガイドブックなどの資料も活用して調べる。

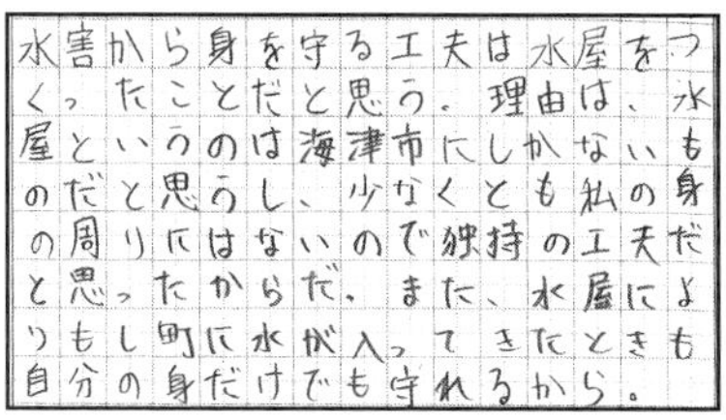

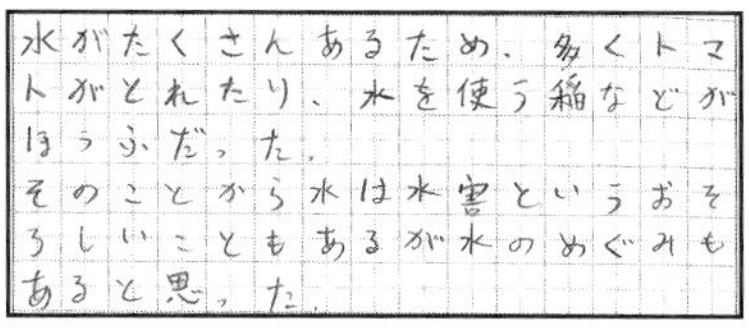

調べてわかったことと考えたことを毎時間ノートに残していく

094 | 低地のくらし

観察・資料活用の技能	①地図や各種の資料を活用して、海津市の人々の生活について必要な情報を集め、読み取っている。 ②調べたことを、図に整理してまとめている。
社会的事象についての知識・理解	①水害からくらしを守る工夫、豊かな水と自然を生活や産業に生かす工夫などを理解している。 ②国土の環境が人々の生活や産業と密接な関連をもっていることを理解している。

③考え・学び合う

海津市のくらしに、このような工夫があるのはどうしてかな？

● 調べてわかったことをもとに話し合おう

第6時 新たな問いを解決するために、調べた情報をもとに話し合う。【本時】

・前時までの学習を振り返りながら具体的な工夫を書き出し新たな問いを設定する。
・新たな問いを解決するために、「もしもワールド」を使い社会的事象の意味を考えられるようにする。

> 海津市は水害が多かったけれど、よいように考えれば水が豊富だし。それを生かして水害対策をしながら、その水を利用して生活している海津市の人はすごいと思う。それながら水をよいふうに生かしながら水をよいふうに生かしながら水害をわすれず続けている水害をわすれず続けている水害をわすれず続けていることから、これからも海津市の人々は安心して暮らし、農業や観光にも取り組めると思う。

学んだことや考えたことを振り返る

④まとめ・生かす

海津市のよさを
キャッチコピーにして、伝えよう

● 海津市のよさをまとめ、伝えよう

第7時 観光ガイドブックのキャッチコピー考える。

・海津市のよさが伝わるキャッチコピーを考え、そのコピーを考えた理由を書く。

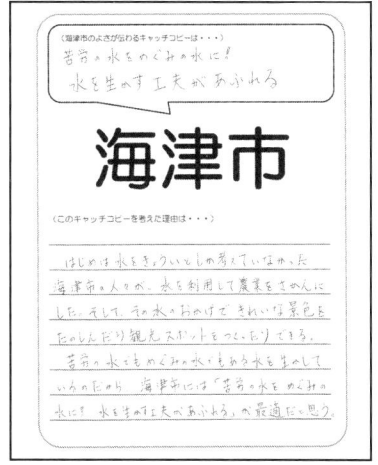

> （海津市のよさが伝わるキャッチコピーは・・・）
> 苦労の水をめぐみの水に！
> 水を生かす工夫があふれる
>
> # 海津市
>
> （このキャッチコピーを考えた理由は・・・）
> はじめは水をきょういとしか考えていなかった海津市の人々が、水を利用して農業をさかんにしたり、そして、その水のおかげできれいな景色をたのしんだり観えスポットをつくったりできる。苦労の水でもめぐみの水にもなる水を生かしていくのだから、海津市には「苦労の水をめぐみの水に！水を生かす工夫があふれる」が最適だと思う。

観光ガイドブックの表紙という設定で書く

STEP 03　本時のアクティブ・ラーニング・モデル

展開1　本時の問いを確認する

調べたことを整理し、新たな問いを共有する

前時までの学びを想起し、「海津市の生活や産業には、なぜ、このような工夫が必要なのか」という問いを共有する。次に、本時の見通しを立てる。

●実際の授業（教師Tと子供たちC）
- T　今までの学習でどんなことがわかった？
- C　今は水害の心配が少ないことです。
- C　水を生かして農業や観光をしていることです。
- T　なるほど。具体的にはどうやって水を生かしていたの？
- C　例えば〜。
- T　そうだったね。じゃあ、ほかにはどんな工夫があった？

展開2　自分の考えをまとめる

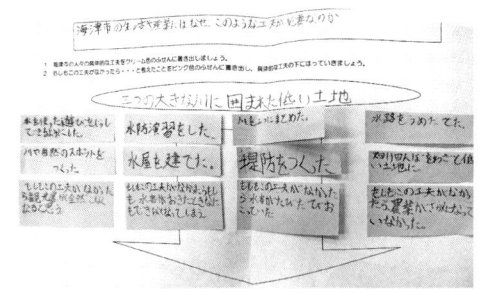

今までの学びをもとに、考える

「もしもワールド」を使い、今までの学びを総合しながら個人で考える。

「調べる」でわかったことや考えたことをメモしたノートを見直しながら、具体的な取組とともに、「もしもこの工夫がなかったらどうなるのだろう」と考えたことを付箋に書き出していく。一つの取組から複数の「もしも」が考えられることもあれば、複数の取組が一つの「もしも」に重なることもある。

具体的な取組は黄色、「もしも」の中身については赤色と、2色の付箋を用いて、ワークシート上での思考操作が可能になるようにする。

ALツール活用のポイント　〜主体的・協働的な学びを実現する内化と外化

「もしもワールド」活用のポイント

①人々の工夫についての具体的な調べを重視

「もしも」と考えるためには、具体的な事実を調べておかなければならない。本時に至るまでの「調べる」時間を充実させておくことで、「もしも」の内容も深まっていく。

②「もしも」の中身にこだわる

一見同じに見える取組でも「もしも」と意味を考えると違いが見えてくる。また、「もしも」と考えると具体的な工夫相互のつながりが見えてくる。何となく同じ、何となくつながるではなく、「もしも」の中身にこだわって整理していきたい。

③友達との違いを重視

自分の思考が見える・友達の思考が見えることで「何について話し合っているのか」がよくわかり、対話が活性化していく。

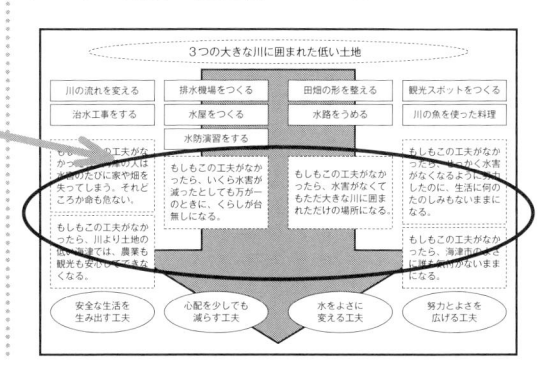

第6時

展開3 全員で話し合う

黒板を活用して、みんなの意見を整理する

個の考えを全体で交流する。黒板に「もしもワールド」を描き、みんなの考えをつなげていく。
まずは子供の意見をつなぐことに教師も重点を置く。次に、意見のずれを取り上げたい。
「〜さんの言いたいのはどういうこと？」
「本当にこっちでいいの？」
など付箋に見立てた黒板上の短冊やホワイトボードを動かしていく。
「もしも」の中身や具体的な工夫を矢印でつなぐときには子供に確かめてからつなぐようにする。
最後に、それぞれの工夫を束ねて名前を付ける。

展開4 本時を振り返り、次時を見通す

本時の学びを次時への意欲につなげる

本時の学習を振り返る。

● 実際の授業（教師Tと子供たちC）

T 今日、わかったことはどんなことかな？
C 海津市の人々がこのような工夫をしているのは、水が豊富ということをよさとして海津市ならではの生活をするためです。
C そのような工夫ができるのも、水害をなくす工夫がうまくいったことが大きかったと思います。
T それじゃあ、次の時間はそんな海津市のよさが伝わるキャッチコピーを考えてみよう。

板書例

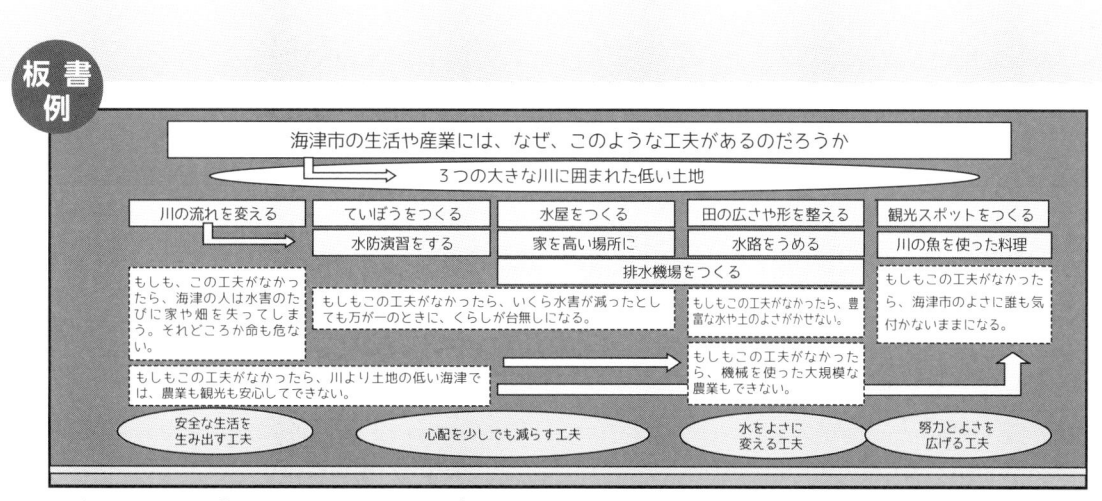

海津市の生活や産業には、なぜ、このような工夫があるのだろうか

3つの大きな川に囲まれた低い土地

川の流れを変える	ていぼうをつくる	水屋をつくる	田の広さや形を整える	観光スポットをつくる
水防演習をする	家を高い場所に	水路をうめる	川の魚を使った料理
	排水機場をつくる		

もしも、この工夫がなかったら、海津市の人は水害のたびに家や畑を失ってしまう。それどころか命も危ない。

もしもこの工夫がなかったら、いくら水害が減ったとしても万が一のときに、くらしが台無しになる。

もしもこの工夫がなかったら、豊富な水や土のよさがいかせない。

もしもこの工夫がなかったら、海津市のよさに誰も気付かないままになる。

もしもこの工夫がなかったら、川より土地の低い海津では、農業も観光も安心してできない。

もしもこの工夫がなかったら、機械を使った大規模な農業もできない。

○ 安全な生活を生み出す工夫
○ 心配を少しでも減らす工夫
○ 水をよさに変える工夫
○ 努力とよさを広げる工夫

工夫は短冊に、「もしも」はホワイトボードに書くと、子供の対話をもとに操作していくことができる。

STEP 04　本小単元における授業の４つのデザイン

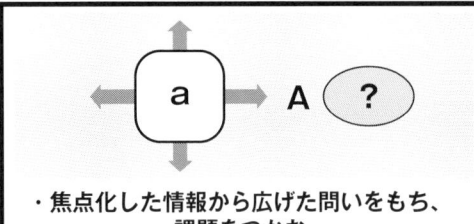

1　「問い」のデザイン

・焦点化した情報から広げた問いをもち、課題をつかむ
Aさんの様子　→どんな「目的」の活動か？
急激に生産を伸ばした作物
　　　　　　　→どんな「技術」を生かしているか？
○○の一員の様子　→世界中でどんな「活躍」を？

「ズームイン・ズームアップ型」モデル

①**単元のはじめに、小学校の校舎の屋上から見た揖斐川の写真を提示**：「おや？と思うことはないかな？」と問いかけ、興味を引き出す。写真を提示した瞬間に、子供たちが驚きを示したらチャンス。「何に驚いたの？」と問いかけ、川の水位のほうが学校の運動場よりも高く見えることをみんなで共有する。「一体ここはどんな場所なの？」という素朴な疑問を大切にしながら、「実はこんなところだよ」と言って、海津市の航空写真を提示する。航空写真から読み取ったことや海津市の土地の高さがわかる資料から、「堤防があるということは…」「０ｍよりも低い土地ということは…」と考えられることを整理していき、海津市の土地の様子と人々のくらしの関わりへの関心を高めていく。

②**学習問題の追究から生まれる新たな問い**：調べたことを整理し、「海津市のくらしにこのような工夫があるのはなぜか」という深い問いを生成する。そうすることで、人々の工夫にどのような意味があるのかを総合的に考えようとする子供を育成することができる。

2　「教材化」のデザイン

低地の特色を生かしたくらし
- 水害からくらしを守る知恵と備え
- 水害をなくす努力と工夫
- 水を生かす工夫

　左のような図を使って、教材を分析した。海津市を事例として取り上げたいことは、低地の特色を生かした人々のくらしの様子である。
　そのくらしの背景にあるものを考えた。堤防を築いたり、水屋や少しでも高い場所に家を建てたりするのは、水害による被害を少しでも小さくするための知恵である。そのため、水害の心配が少なくなった今も水防演習などの取組が行われている。水害の心配が少なくなったことには、治水工事によって水害そのものをなくそうとした努力が関連している。水害を克服することで、地形の特色をよさへと生かすこともできる。
　これらの工夫はそれぞれ独立しているわけではない。ＡＬツールを使うことで、子供たちもそれぞれの工夫がどのようにつながっているのか、それらの工夫にはどのような意味があるのかを考えることができる。

3 「協働的な学び」のデザイン

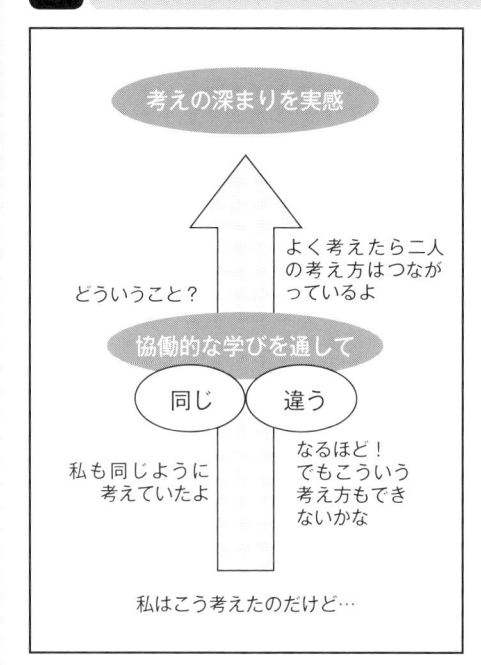

```
考えの深まりを実感
      ↑
どういうこと？   よく考えたら二人
           の考え方はつなが
           っているよ
   協働的な学びを通して
    ( 同じ )( 違う )
私も同じように   なるほど！
考えていたよ   でもこういう
          考え方もでき
          ないかな
     私はこう考えたのだけど…
```

①個と集団の関係
　協働的な学びの前提として、一人一人が自分の考えをもっていることが重要である。前時までの学びをもとに考えを再構築するためにも、一人一人が思考する時間を確保する。毎時間のノートには振り返りを残しておきたい。

②個と集団の思考の可視化
　ツールによって自分の思考も友達の思考も可視化できるようになる。「共通するところや違うところに注目しよう」と声をかけることで、他者と関わりながら考えを深めていくことにつながる。

③考えの深まりを実感
　協働的な学びによって、自分の考えがどのように深まったのかを実感できるように、工夫に名前を付けるという活動を取り入れる。

4 「学習評価」のデザイン

評価規準	海津市の地形条件と人々の生活や産業を関連付けて、国土の環境が人々の生活や産業と密接な関連をもっていることについて考え、適切に表現している。		
評価基準	A	B	C
	社会的事象の意味を広い視野から総合的にとらえている。	地形条件と関連付けて、社会的事象の意味をそれぞれにとらえている。	地形条件と社会的事象を個々バラバラにとらえている。

（思考・判断・表現）

　ＡＬツールを評価資料とした評価規準を次の３つに分けた。それぞれに子供の反応を想定している。Ｃの状況の子供には、一本の線をつなぎ、どのようにつながっているかを考えるように助言した。

■評定Ｂの子供の姿
「３つの大きな川に囲まれた海津市では、田や水路を整備することによって、豊富な水や栄養のある土を農業に生かすことができるからだ」

■評定Ａの子供の姿
「３つの大きな川に囲まれた海津市では、田や水路を整備することによって、豊富な水や栄養のある土を農業に生かすことができるからだ。川の流れを変えたりして水害の心配が減ったからこそ、水を農業に生かすことができた」

■評定Ｃの子供の姿
「海津市は川より土地が低い。人々は水を生かす工夫をしている」

第5学年　全9時間

[本小単元の目標] 農業がさかんな地域の様子や、食糧生産に携わる人々の工夫や努力について、地図や写真、グラフ、生産者へのインタビュー記事などを使って調べ、我が国の農業が置かれている現状や、農業に関わる人々の工夫や努力、今後の食糧生産について考えるようにする。

【小単元】
米づくりのさかんな地域

●本小単元で付けたい力や育てたい態度

☑ 我が国の食料生産の特色や意味について自然環境や国民生活と関連付けて、多角的に考える力

☑ 我が国の食料生産に見られる課題を把握して、未来に向けて食料生産の発展を考えようとする態度

資質・能力の育成イメージ

将来　農業の発展や問題の解決を、資料等から得た根拠を明らかにして論じる力

主な資質・能力　／　**言語活動例**

中学校
・様々な資料を適切に選択・活用して地理的事象を多面的・多角的に考察し、公正に判断するとともに、適切に表現する能力や態度

課題の解決に必要な資料を適切に収集・選択し、話し合うことで、解決策を適切に判断する。

高学年
・地図、統計等の基礎的資料の情報を活用して、我が国の農業の様子について調べる力
・社会的事象の意味を様々な立場から多角的に考え、立場や根拠を明確にして自分の考えを主張する力
・我が国の産業の発展を考えようとする態度

得た知識や資料を関連付け、問題の解決について話し合う。

中学年
・地域の社会的事象を観察・調査し、特色や相互の関連について考える力
・調べたことや考えたことを表現する力

身近な地域について調べたことをもとに、地域の特色を話し合う。

低学年（生活科等）
・身近な人々や社会、自然との関わりの中で、地域のよさや自然の素晴らしさに気付いたことを表現し、考える力

活動の楽しかったことや気付いたことを、言葉で表現する。

（中央縦書き）社会で育っていく子供たちの資質・能力／社会の仕組みや働き（経済・産業）についての理解

STEP 01 子供の思考をアクティブにする仕掛け

これまでに学習した農業の特色や農家の工夫・努力などを根拠にしながら、我が国の農業を活性化させる方法について提案させたい！

　そこで…

「キーワード付箋分類シート」を活用し、農業を活性化する方法について話し合わせ、農家の工夫や努力と問題点の関係を認識させる。

● ALツール キーワード付箋分類シート　第8時

問「日本の農家の人々はどのような問題をかかえているのだろう」

＜生産量の減少＞
- 飼料用のお米をつくる
- プラスチックをつくる
- お米を材料にしたおもちゃ
- 米粉を使ったパンづくり

つまり…
いろいろな使い道を考えることが大事

＜農家の減少＞
- 生産組合をつくる
- お米をまとめて輸送する

つまり…
お金をかけない工夫をすることが大事

＜消費量の減少＞
- ごはん給食を増やす
- 地産地消をすすめる
- 安全性のアピール
- 品種改良でおいしい米をつくる
- 生産者名をラベルに

つまり…
安心・安全のアピールや、米を多く使うことが大事

＜後継者不足＞
- 若い人に農業体験をさせる
- 農業をはじめる支援
- 機械化をすすめる
- 農機具の貸し出し

つまり…
農業に興味をもたせたり、はじめやすくしたりする工夫が大切

○班の農業いきいきプラン
　私たちの班は、まず、お米を食べるためだけではなく、いろいろな使い方を開発することで、米の消費量を上げます。

[特徴]
①これまでに学習した農家の工夫や努力が、どのように我が国の農業が抱える問題解決に役立つかを考え付箋に書き出す。そして、分類シート上でグループ対話を行いながら意見集約する。
②付箋に書かれた内容をグルーピングし、共通性を話し合わせることで、今後の我が国の農業の発展のために必要なキーワードを見付けさせることができる。
③グループ内で個人が書いた付箋の意見を集約させることで、新たな発想に気付く、自分の意見に自信がもてる、さらに発展した意見を見いだす、意見の重要度に気付くといった効果がある。

STEP 02　本小単元の全体イメージ

● 評価規準

社会的事象への 関心・意欲・態度	①我が国の農業の様子に関心をもち、意欲的に調べている。 ②国民生活を支えている我が国の農業の発展を考えようとしている。
社会的な思考・判断・表現	①我が国の農業の様子について、学習問題や予想、学習計画を考え表現している。 ②我が国の農業が国民の食料を確保する重要な役割を果たしていることや自然環境と深い関わりをもって営まれていることを考え適切に表現している。

単元の展開

①問題をつかむ

農業をしている人たちは、どんな工夫や努力をしているのだろう？

単元の展開

学習計画を立てよう

第1時 日本の農業の特色や、農業に従事する人々の工夫や努力について調べるための学習問題をつかみ、学習計画を立てる。

・米づくりの盛んな地域の写真を見せ、知っていることや、これまでの学習から得た知識を生かしながら、地域の地理的特性や農業を行う上で有利な点などについて発見させ、関心や意欲を高める。

[学習問題] 米づくりの盛んな地域には、どのような特色やくふうがあるのだろう

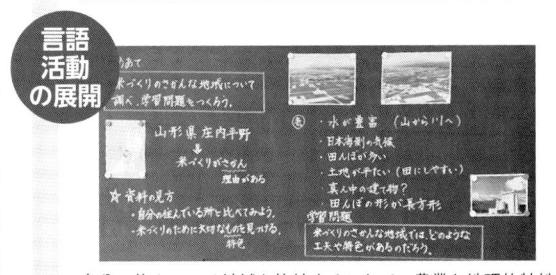

言語活動の展開

自分の住んでいる地域と比較することで、農業と地理的特性の関連に意識を向けさせる

②調べる

日本の農業の様子を調べよう

●調べたことや考えたことをまとめよう

第2～7時 地図や図表、グラフ、インタビュー記事等を活用し、日本の農業の様子や現状、課題について理解を深める。

・対話的な活動や学習内容の記述の際には、キーワードを積極的に活用するよう促すことで、重要な事項を意識させる。
・学習した内容は、必ず文章でまとめ、押さえるべき知識や言葉を確実に定着させる。

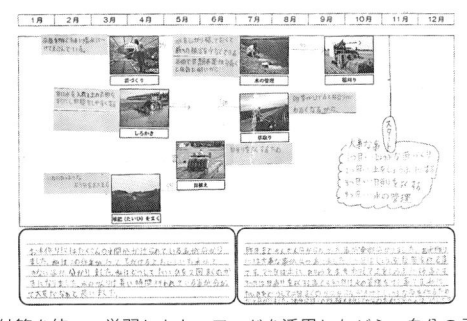

付箋を使い、学習したキーワードを活用しながら、自分の言葉で学習内容をまとめることができるようにする

観察・資料活用の技能	①我が国の農業について必要な情報を集め、読み取っている。 ②調べたことをノートや新聞などにまとめている。
社会的事象についての 知識・理解	①我が国の農業が国民の食料を確保する重要な役割を果たしていることや自然環境と深い関わりをもって営まれていることを理解している。 ②我が国の農産物の分布や土地利用の特色などを理解している。 ③農業に従事している人々の工夫や努力、生産地と消費地を結ぶ運輸などの働きを理解している。

③考え・学び合う

日本の農業について、グループで話し合って提案しよう

●調べたことをもとに考えを深めよう

第8時 学習した内容を根拠として、対話的な活動を行う。 **本時**

・「キーワード付箋分類シート」を活用し、我が国の農業の問題点を意識しながら、今後の日本の農業を活性化させる方法について話し合わせる。
・対話的な活動の際には、対話を活性化させるために、グループの人数は4名とする。また、資料はグループに一つとし、頭を寄せ合いながら話すよう仕向ける。
・対話的な活動では、意見を集約するために必要な言葉を掲示し、積極的に活用させる。

「キーワード付箋分類シート」を活用して話し合う

④まとめ・生かす

米づくりについて記事にまとめよう

●学習したことを米づくり事典にまとめよう

第9時 学習した内容を「米づくり事典」にまとめる。

・事典にのせる内容については、「農業の機械化」「米の消費量を増やすために」「お米のつくり方」といったテーマを設定させ、学習してきた事項について、特にキーワードを活用しながら書くようにする。
・資料活用能力の向上につなげるために、書いた記事に関連する写真や、記事をより詳しくするグラフ等の関連資料を自分で探して活用するよう促し、より説得力を増す工夫に挑戦させる。

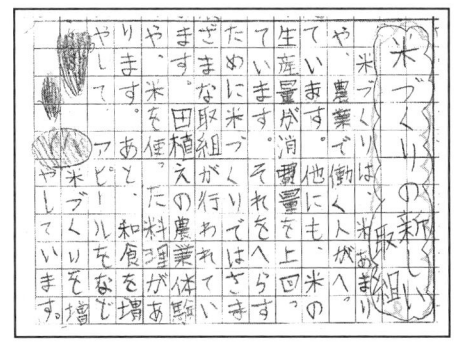

「米づくり事典」にまとめる（抜粋）

第5学年・全9時間 | 103

STEP 03　本時のアクティブ・ラーニング・モデル

展開1　本時の問いを確認する

ノートに記述している学習のまとめを、振り返りや課題の意識付けに活用する

前時に学習した我が国の農業が抱える問題点を確認し、本時はそれらを解決するための手立てを全員で考え、「日本の農業いきいきプラン」を考えることを確認する。

●実際の授業（教師Tと子供たちC）
- T　日本の農業が抱えている課題は、大きく分けるとどんなことだろう。
- C　生産量が減っています。
- C　消費量も減っています。
- C　農家の数も減っています。
- C　高齢化で、後継ぎがいません。
- T　では、どのような手立てをとればいいだろう。

展開2　調べたことや、自分の考えをまとめる

展開③での対話活動に向け、まず自分なりに調べたことや考えをまとめ、付箋に記す

対話活動を行うに当たって、個人の考えをもつための時間を保障する。

日本の農業を生き生きとさせる方法については、想像だけでアイディアを提案することのないようにする。これまでに学習したことや、資料の中に多くのヒントがあることを知らせ、既習事項と資料の内容に目を向けさせる。

ノートや、教科書、資料等を振り返り、これまでに学習した重要なキーワードを用いて提案をしていくこと、そして、資料の内容と問題点を関連付けて考えさせることが大切である。

ALツール活用のポイント　～主体的・協働的な学びを実現する内化と外化

①学習すべき重要な語句の押さえが重要

このALツールでは、知識を再構成し、関連をつかませることをねらいとしている。対話的な活動では、「根拠のある意見をもつ」ことが前提となるため、それまでの学習において、学習内容と、重要な語句についての押さえが十分になされていることが大切である。

②根拠をもって付箋を置くことが重要

本単元で使用したシートでは、あらかじめ4つの部屋に分け、それぞれに名前を付けた。子供は付箋を置く際に、どの部屋に置くべきかを悩むことが多い。そこで、課題を振り返らせ、根拠をもって配置させることが大切である。

③意見の共通点と相違点が重要

対話的な活動では、共通点があることで、自分の意見に自信をもつことができる。相違点があると、新たな考えに出合うことができる。そうした練り合いの中で、思考が深まることを実感させることが重要である。

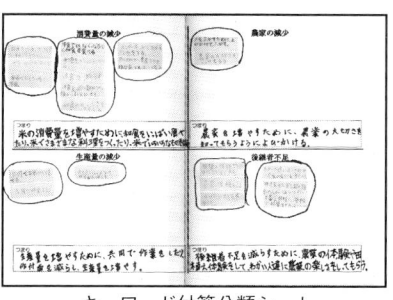

キーワード付箋分類シート

第8時

展開3 グループで話し合う

頭を寄せ合い、一つのテーマについて意見を交流する

対話的な活動では、多くの意見を言い合う機会を保障するため、4人で行わせる。対話のスキルに応じた配置となるよう、教師が意図的にグループを編成する。

「キーワード付箋分類シート」は、自然と腰を浮かせ、頭を寄せ合って対話を行うように仕向けるため、一班に1枚だけ与える。付箋には、自分の意見をできるだけ短い言葉で、簡潔に書くよう指示する。

単純な意見の発表にならないように、同じ内容や似た内容の意見を集約させることで、思考をアクティブにしていく。

展開4 グループ対話をもとに全員でまとめを行い、焦点化していく

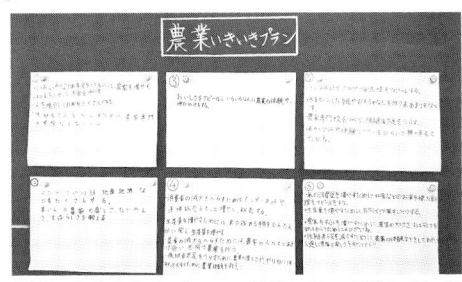

各班から出されたプランの言葉から、本時に身に付けさせたい事項へ絞り込む

グループでの対話活動において出されたキーワードを集約することで、日本の農業を活性化させるために意識すべきことを焦点化していく。本時の学習内容を文章化する活動において、その文章に現れるべきキーワードに集約していく。

● **目標とする記述例**

日本の農業は、消費量を増やすために、安心・安全のアピールが大切です。また、生産量を上げるために、食用以外にも米を活用することが大切です。また、共同作業や技術支援をすることで、農業をやりやすくすることも大切です。

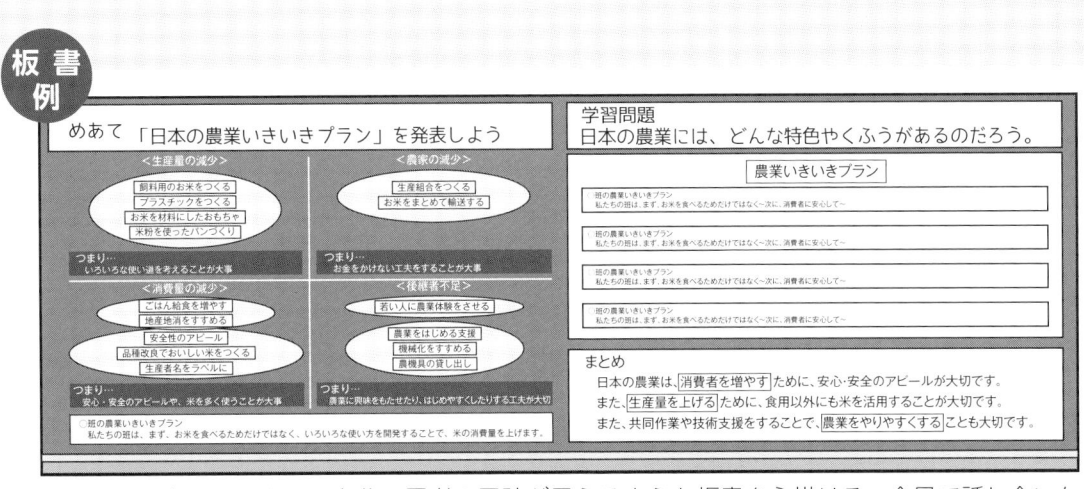

板書例

ノートを見直したときに、自分の思考の足跡が見えるような板書を心掛ける。全員で話し合いながら付箋の内容を集約できるよう、左側の「キーワード付箋分類シート」の部分では、板書上で対話活動を再現しながら実際に付箋を動かしていく。

STEP 04 本小単元における授業の４つのデザイン

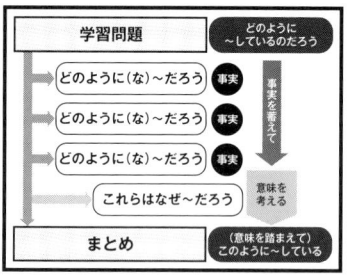

1 「問い」のデザイン

「どのように型」モデル

①**農業と地理的特徴の関連の意識付け**：子供の多くは、米づくりというと田んぼというミクロな視点でとらえることが多い。本小単元では、航空写真で自分の住んでいる地域と、米づくりの盛んな地域を比較することで、マクロな視点をもたせ、日本有数の米どころたるゆえんについて関心をもたせることが大切である。

②**農家の米づくりに対する思いを感じ取らせる**：子供の多くは、米づくりというと、「田植え」と「稲刈り」だけをイメージすることが多い。また、農業体験をしている子供も、その２つの経験はあるが、それ以外の工程については知らないことが多い。年間を通じた作業を調べる中で、「なぜ、農家の人たちは、そのような工夫や努力をしているのだろう」と問いかけることで、年間を通じた様々な工夫や努力を読み取らせていく。その際には、ただ用語に詳しくさせるだけではなく、それぞれの作業に込められた思いや情熱、やりがいといったものを感じ取らせることが必要である。消費者としての自分、そして食料生産に関する問題に主体的に関わる態度を養うことが大切だと考える。

2 「教材化」のデザイン

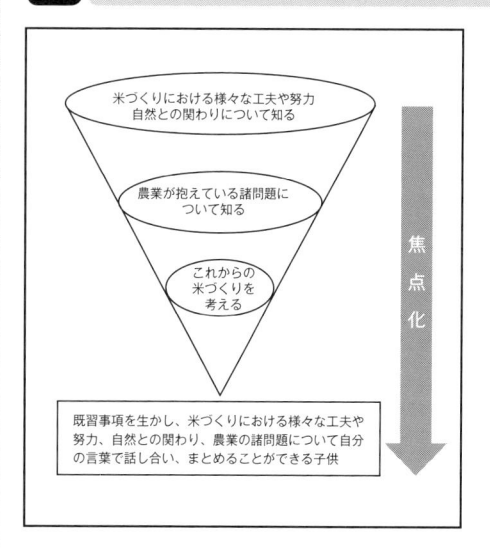

本小単元では、単元の終末段階において、子供がどのような知識を身に付け、どのように根拠をもって、どのような話をし、どのようにまとめができればよいのかという明確なゴールの意識をもつことが必要である。そのゴールに向けて指導しておくべき事項は何か、考えさせておくべき事項は何かということを意識しながら１単位時間の指導内容をデザインすることが大切である。そこで、多くの用語や事例の中から、「この言葉がまとめの中に書かれていなければいけない」という優先順位を考えて、与える資料を絞り込むことが重要となってくる。

また、教材研究においては、米どころの地理的優位性、農作業の各工程の意図や効果、農業の抱える問題とその影響といったことについて知識を得ておくことが大切である。そうすると、「農機具を共同購入すると、どんないいことがあるのだろう」という補助的な発問をしながら、思考をさらに深めることができる。

3 「協働的な学び」のデザイン

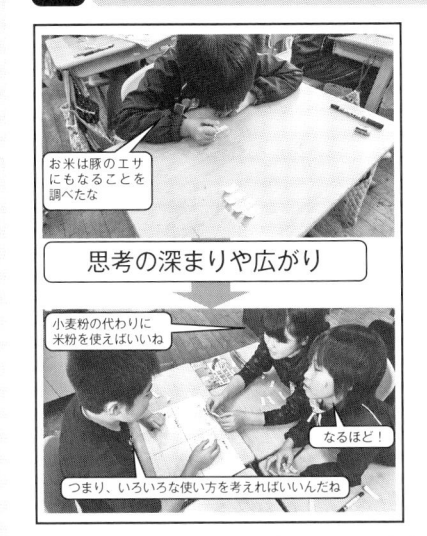

①集団で学び合う価値の吟味
単元全体を見通し、協働的な学習が効果的である場面を判断することが大切である。本小単元では、米どころの地理的条件についての気付きを出し合う場面、農事暦から農家の工夫や努力を考える場面、日本の農業の今後について考える場面などで対話的な活動を取り入れることが効果的であると判断した。

②個人試行の時間の確保
意見を比べ、違いに気付いたり、自信をもったり、新しい価値に気付くといった協働的に学ぶよさを生かすためには、個人で意見を用意することが必要である。

③意見の可視化と、考えをつなぐ言葉
付箋に意見を書かせることで、子供は様々な意見を何度も目で確認することができる。また、付箋は移動させることができるので、試行錯誤しながら集約することができる。また、意見交流を活性化するために、「まず」「次に」「ですから」「つまり」といった説明や集約に必要な言葉を日ごろから指導することが大切である。

4 「学習評価」のデザイン

評価内容	A	B	C
付箋の記述内容	10枚以上のふせんに既習事項や調べたことをもとにした解決策を短い言葉で簡潔に記入することができている。	5枚以上のふせんに既習事項や調べたことをもとにした解決策を記入することができている。	4枚以下のふせんに自分の考えを記入している。また、助言を頼りにキーワードを記入している。
ノートのまとめ	「消費量の減少」「生産量の減少」「農家の減少」「後継者不足」の4つの問題について、様々な方法で解決する方法を考え、記述することができている。	「消費量の減少」「生産量の減少」「農家の減少」「後継者不足」の4つの問題に対する解決策を記述することができている。	「消費量の減少」「生産量の減少」「農家の減少」「後継者不足」の4つの問題に対して、いくつかの解決策を考え、記述している。

<目標とする記述>
日本の農業は、生産量と消費量の低下、米余り、農家の減少、高齢化、後継者不足といった問題を抱えている。この問題を解決するために、米粉の活用や、若い人への技術指導などの取組が行われている。
※ 文章にまとめることが難しければ、箇条書きでも可とする。

対話的な活動で、子供全員の発言を記録し、評価につなげることは難しい。記録として子供の思考の様子が残るものから評価することが重要である。そこで、左図上の評価規準を作成し、関心や意欲については記述量や発言の様子から評価し、その他の部分については、記述内容から評価することとした。

また、単元を通して、毎時間、左図下のまとめの文章を書かせた。この文章では、「目標とする記述」を設定した。□で囲まれた言葉は、キーワードとして、授業の中でも確実に押さえ、記述に反映されるように工夫した。このように、学習した足あとや、思考の流れがノートに表れるように工夫することで、子供にどれだけの力が身に付いたかという子供に向けての評価、そして、意図した学習内容をどれだけ定着させることができたかという教師側の反省材料としての評価が可能となった。(思考・判断・表現)

第5学年 全10時間

[本小単元の目標] 自動車工業に携わる人々は消費者の需要に応え、環境に配慮しながら、優れた製品を生産するために、様々な工夫や努力をしていることや運輸の働きについて、各種の資料を活用して調べ、工業生産が国民生活を支える重要な役割を果たしていることを考えるようにする。

【小単元】
自動車をつくる工業

●本小単元で付けたい力や育てたい態度

- 原材料の確保、製品販売や消費地への輸送、新しい技術の研究・開発などに見られる工夫や努力について、各種の資料を活用して調べ、調べた情報を的確にまとめる力
- 我が国の工業生産と国民生活とを関連付けて考える力や我が国の工業の発展を考えようとする態度

資質・能力の育成イメージ

将来　日本人としての自覚をもって主体的に生きていくとともに、よりよい社会づくりや産業の発展に参画しようとする態度

主な資質・能力

中学校
- 地域調査などの活動を通して社会的事象に対する関心を高め、様々な資料を適切に選択、活用する力
- 社会的事象を多面的・多角的に考察し、適切に表現する能力や態度

高学年
- 具体的な調査や地図、地球儀、統計などの各種の基礎的資料の効果的な活用を通して、我が国の産業の様子に関する情報を活用する技能
- 社会的事象相互の関係に着目して、その意味を多面的に考える力
- 産業の発展への関心

中学年
- 地域における産業や消費生活の特色や相互の関連などについて考え、調べたことや考えたことを表現する力

低学年（生活科等）
- 直接体験を通して、地域のよさとしてとらえていく力

（社会の仕組みや働きについての理解（産業・経済））
社会科で育っていく子供たちの資質・能力

言語活動例

課題に沿って、情報を収集、選択、処理、活用したり、読図や作図をしたりする。観察や調査等の結果を考察し、論述したり意見交換したりする。

根拠や解釈を示しながら図や文章などで表現し説明する。

調べたことや考えたことを相手にもわかるように表現する。

活動や体験を通しての様々な気付きを、言葉や絵、動作、劇化などの多様な方法で表現する。

STEP 01 子供の思考をアクティブにする仕掛け

学習問題に対する個の「予想」から、「調べる観点」を導き出し、調べ学習に向けて学級全体で共有していきたい！

そこで…

付箋とホワイトシートを活用した話合いを通して、個の「予想」を分類・整理し、見出しを付けて、「調べること」を明らかにする。

ALツール 付箋と「ホワイトシート」の活用 [第2時]

問 「学習問題に対する予想をもとに、学習計画を立てよう」

【学習問題に対する「予想」】(表面) 　　　【「調べること」と「調べ方」】(裏面)

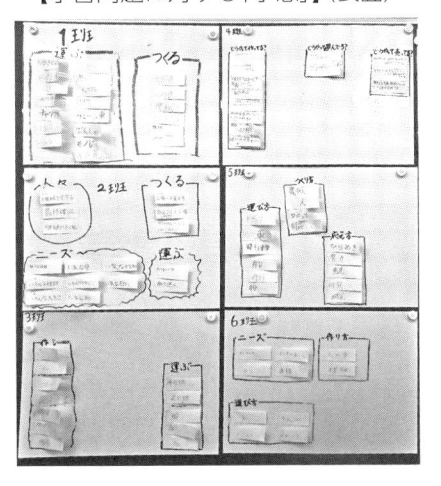

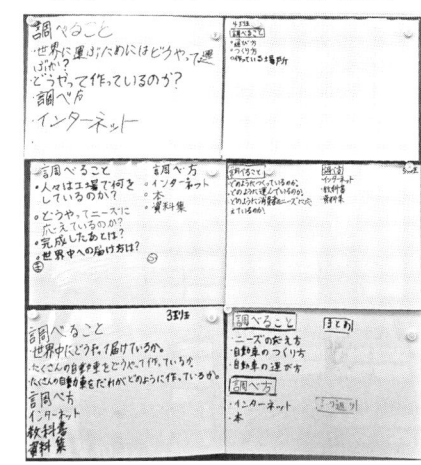

話合いを通してまとめる

[特徴]
ブレインストーミングとＫＪ法の手法を取り入れた、付箋と「ホワイトシート」の活用法
① 学習問題に対する「予想」を付箋1枚につき1つずつ書く。(個人)
② 「ホワイトシート」の表面に付箋を貼りながら自分の「予想」を述べる。みんなで仲間分けをし、「つくり方」「運び方」といった1行見出しを付ける。表面を参考にしながら、「調べること」と「調べ方」をみんなで話し合い、まとめたことを裏面に書く。(グループ)
③ 「ホワイトシート」裏面を掲示して、「調べること」を学級全体で話し合い、まとめていく。(一斉)

STEP 02　本小単元の全体イメージ

● 評価規準

社会的事象への 関心・意欲・態度	①我が国の自動車生産の様子に関心をもち、意欲的に調べようとしている。 ②国民生活を支える我が国の工業生産の発展を考えようとしている。
社会的な思考・判断・表現	①我が国の自動車生産の様子について、学習問題や予想、学習計画を考え表現している。 ②自動車生産の様子と国民生活とを関連付けて、我が国の自動車生産は国民生活を支える重要な役割を果たしていることを考え適切に表現している。

単元の展開

①問題をつかむ
日本で自動車工業の盛んな地域はどこだろう？

単元の展開

学習問題をつくり、学習計画を立てよう

第1～2時 自動車工業の盛んな地域や日本の自動車が売れている理由について話し合ったことから、学習問題をつくり、予想をもとに、学習計画を立てる。

・分布図やグラフなどを用いて、自動車工業の盛んな地域を調べる。また、日本の自動車が世界中で売れている理由を考え、学習問題を設定する。

[学習問題] どのようにして、たくさんの自動車をつくり、世界中に届けているのだろう。

言語活動の展開

グループや学級全体での話合いから消費者のニーズをつかみ、売れている理由を考える

②調べる
自動車づくりの様子、人々の工夫や努力、輸送方法について調べよう

●**自動車づくりの様子について調べよう**

第3～8時 自動車の製造工程や自動車工業に携わる人々の工夫や努力、自動車会社の研究・開発、原材料や完成した自動車の輸送方法について調べる。

・自動車づくりの流れをまとめる。
・プレス・溶接・塗装工場での工夫や努力をまとめる。
・組み立て工場での工夫や努力についてまとめる。
・関連工場での工夫や努力についてまとめる。
・原材料や完成した自動車の輸送方法をまとめる。
・自動車会社における研究・開発についてまとめる。

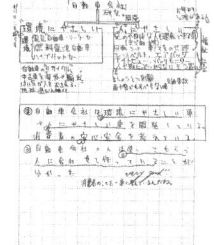

「考える力や表現する力が身につく社会科ノートづくり」の記述例を参考に、構造的でわかりやすいノートをつくる

110 ｜ 自動車をつくる工業

観察・資料活用の技能	①我が国の自動車生産の様子について、各種の資料を活用して、必要な情報を集め、読み取っている。 ②調べたことを図や文章などにまとめている。
社会的事象についての知識・理解	①自動車生産に携わる人々の工夫や努力、運輸の働きを理解している。 ②我が国の自動車生産は国民生活を支える重要な役割を果たしていることを理解している。

③まとめる

どのようにして自動車をつくり、世界中に届けているのだろう？

●日本の自動車づくりについてまとめよう

第9時 日本の自動車づくりのよさをキャッチコピーで表し、話し合ったことをもとにまとめる。　　**本時**

・本小単元の学習問題を板書し、学習問題に対するまとめ（結論）をまとめていくことを確認する。
・日本の自動車づくりのよさをキャッチコピーに表し、グループごとに意見を集約した上で、学級全体で話し合い、キーワード化する。
・キーワードを使って、本小単元の学習問題に対するまとめ（結論）を書き、子供たちの発言をもとにまとめていく。

付箋に書いたキャッチコピーをホワイトシートの上で分類・整理し、自動車づくりのよさについて、仲間分けし、見出しを付ける

④生かす

自動車づくりは、わたしたちの生活とどんなつながりがあるのかな？

●わたしたちの生活とのつながりを話し合おう

第10時 これまでの学習を振り返り、自動車づくりとわたしたちの生活とのつながりについて話し合う。

・自分の買いたい自動車と家庭への自動車購買アンケート内容を改めて見返し、自動車会社の考えや、自動車づくりに携わる人々の工夫や努力と比較し、共通点や相違点を話し合う。
・話し合ったことや前時までに学習したことから、自動車づくりは、わたしたちの生活とのどのようなつながり（役割）があるのかについて、自分の考えをまとめ、学級全体で話し合う。

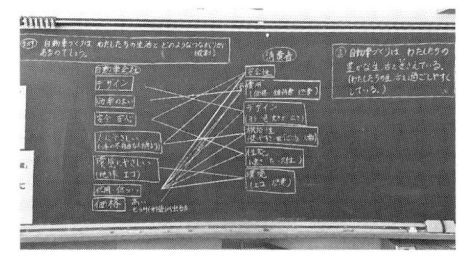

消費者のニーズと自動車会社の関連を明らかにし、自動車づくりとわたしたちの生活のつながりをまとめる

第5学年・全10時間 | 111

STEP 03 本時のアクティブ・ラーニング・モデル

展開1 本時の問いを確認する

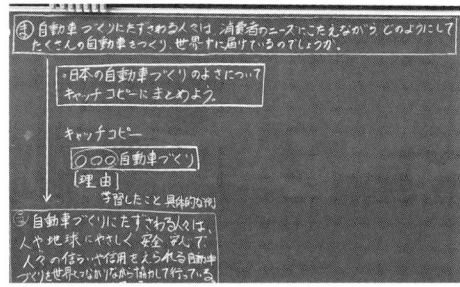

本小単元の学習問題の答えを出していくことを確認する

本小単元の学習問題を板書し、本時は学習問題の答えを出していくことを学級全体で確認する。

ここでは、日本の自動車づくりのよさを「○○自動車づくり」といった「キャッチコピー」に表していく。キャッチコピーづくりを通して、学習問題の答えを抽象化して導き出せるようにする。

その際、そう考えた理由を前時までに学習したことから具体的に書くよう指示し、本時のまとめに生かしていく。

理由を書かせる際には、『社会科の４つの「考え言葉」』を掲示し、思考したことをわかりやすく表現できるようにする。

展開2 互いの考えを出し合い、グループでまとめる

グループの友達と自分の考えを伝え合う

一人一人がこれまでに学習したことを想起しながら、キャッチコピーと理由をノートに書く。また、話合い活動用に教師が配付した付箋と短冊にもキャッチコピーを書いておく。

一班４～５名のグループになる。それぞれの考えを伝え合いながら、ホワイトシートにキャッチコピーが書かれた付箋を貼り、みんなで分類・整理していく。

同じものや関連があるものごとに仲間分けをし、まとまりごとに見出しを付ける。その際、見出しに書かれたことが上位の概念となるように助言する。

ALツール活用のポイント ～主体的・協働的な学びを実現する内化と外化

協働的な学びに生かせるALツールの活用法
①両面ホワイトシートの効果的な使い方

今回のホワイトシートは、A３の上質紙をラミネートしたものである。ホワイトボードマーカーで書けば何度も使える上、両面に書けるので、付箋を用いて思考操作する面と、話し合ったことを書く面を分けられ、自分たちの考えをより明確に表わすことができる。

②座席プリントでの活用

付箋に自分の考えを要約して書き、A３の「座席シート」に貼る。教師が「座席シート」をA４に縮小して作成した「座席プリント」を印刷して配付する。子供はみんなの意見を見比べたり、共通点や相違点、よい点や疑問点に下線を引いたりして、互いの意見を共有し、その後の話合いに生かしていく。

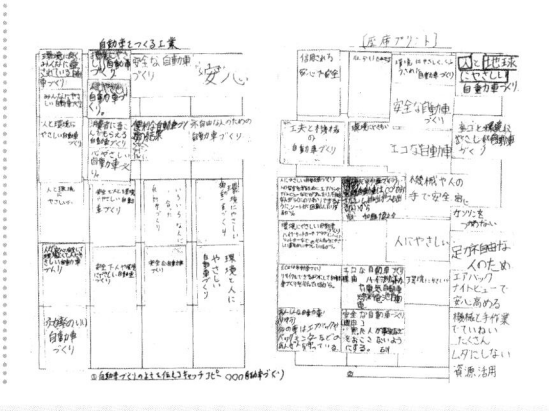

第9時

展開3 学級全体で話し合う

黒板上でみんなの考えを分類・整理する

個人の考えやグループでまとめた考えを学級全体で交流する。短冊に書いたそれぞれの考えを黒板上で分類・整理し、共通点をまとめたり見出しを考えたりしながら意見を集約していく。

その際、短冊1枚につき1つの項目を書くようにすることで、スムーズに分類・整理することができる。また、子供の考えを可視化することで、学級全体で意見の共有化を図っていく。

分類・整理の後、子供に理由を述べさせていく。また、意見にズレが生じたときには教師が切り返しや揺さぶりの発問をしていく。これらは、社会的な見方や考え方を深める上で大切である。

展開4 学習問題に対する答えをまとめる

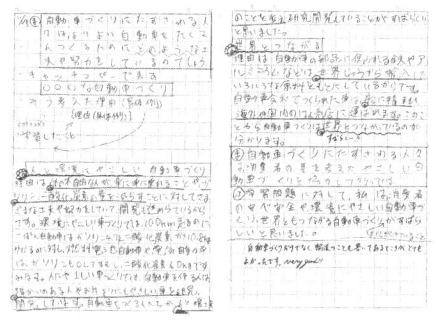

キャッチコピーと理由、本小単元の学習問題のまとめ（結論）をノートに書く

日本の自動車づくりのよさについて、学級全体で話し合った後、本小単元のまとめとして、学習問題に対するまとめ（結論）を各自で書いていく。

その際、キャッチコピーづくりの話合いで出てきた「人」「環境」「やさしい」「協力」といったキーワードを使ってまとめるよう助言する。

子供が書いた答えを発表し合い、教師が子供の言葉を生かしながら、本小単元のまとめを板書していく。

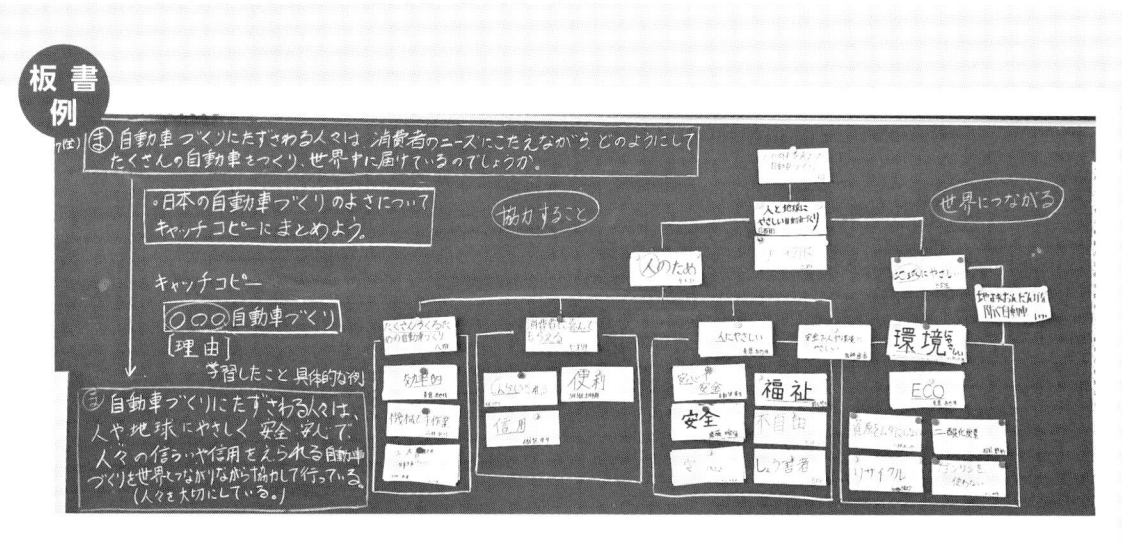

板書例

子供の発言を聞きながら板書上で短冊を動かし、関係図に表すことで、自分の考えを再構成してまとめることができる。

STEP 04 本小単元における授業の4つのデザイン

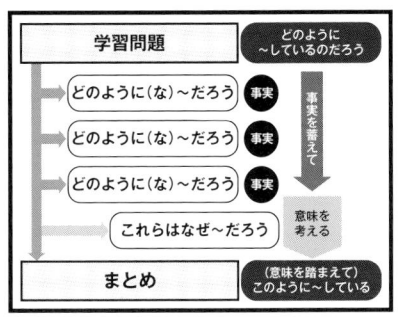

1 「問い」のデザイン

「どのように型」モデル

第1時では、モーターショーなどの写真や「日本の乗用車の生産台数や普及率」のグラフの読み取りから、「わたしたちの生活を豊かにする自動車は、どのような地域でつくられているのか」を問う。

「輸送用機械の生産額の割合」のグラフや「豊田市周辺にある自動車工場と主な関連工場」の分布図等から、「自動車は太平洋ベルトで多くつくられる。特に、愛知県豊田市周辺が盛んなこと」をおさえる。

第2時では、「国別自動車生産台数」と「自動車の主な輸出先」の資料から、「なぜ日本の自動車が世界中でたくさん売れているのか」を問い、世界で売れている理由を考えさせる。その際、自分も家族も消費者であることから、「自分が買いたい自動車はどんな車か？」「家の人はどんな自動車を買っているの？」と問いかける。

自分に置き換えて、自分の好みや家庭への自動車購買アンケートからその理由を考えさせると、性能・デザイン・使いやすさ・燃費・価格・環境などの観点が挙げられた。これらの要望を「ニーズ」と言うことをおさえた上で、「どうやって自動車をつくって、世界中に届けるの？」と問いかけ、その答えを予想させながら、「どのように型」の学習問題を設定していく。

2 「教材化」のデザイン

本小単元では、「教材化のデザイン」として、学習内容構造図を作成し、小単元の目標や自動車生産に関わる内容を把握できるようにした。

ここでは、具体的な知識や概念的な知識を時系列的に並べるとともに、学習問題も示し、学習のプロセスを明確にした。

「教材化」においては、どんな内容をどのように調べ、何を考えさせるかだけでなく、協働的な学びをどう取り入れるかも考えておきたい。

- 自動車はわたしたちの生活に欠かせないものである。自動車は太平洋ベルトで多くつくられており、特に愛知県豊田市やその周辺に工場が集まっている。①
- 日本の自動車の生産(額)は世界第三位であり、世界中の国々に輸出されている。①

★自動車づくりに携わる人々は、消費者のニーズに応えながら、どのようにしてたくさんの自動車をつくり、世界に届けているのでしょうか。

自動車は、研究・開発から、生産、流通、販売を経て、消費者のもとに届けられる。②

- プレス・溶接・塗装工場では、大型のロボットや機械など使い、安全に配慮しながら、正確に車体をつくっている。④
- 組み立て工場では、よりよいものを正確かつ安全に効率よくつくるために、ロボットや機械を使っている。また、手作業も取り入れ、作業を分担しながら、組み立てや検査を行っている。⑤
- 自動車の部品は、組み立て工場の近くの関連工場で、必要な時間に必要な数だけ、正確につくられている。⑥
- 原材料は大型船やトラックなどで工場に運ばれている。完成した自動車はキャリアカーや自動車専用船などで消費者のもとに運ばれている。自動車の現地生産も増えている。⑦
- 自動車会社は、環境や安全性、福祉の観点などから、研究や開発を行っている。⑧

★自動車づくりに携わる人々は、人や環境にやさしく、安全・安心で、人々の信頼・信用を得られる自動車を協力しながらつくっている。③

★自動車生産は、消費者の要望に応え、それに携わる人々の工夫や努力を生かしながら営まれ、国民生活を支えている(自動車づくりは、携わる人々の工夫や努力によって、わたしたちの生活を支えている)。①

★…特に協働的な学びを取り入れたい時間

114 ｜ 自動車をつくる工業

3 「協働的な学び」のデザイン

〈協働的な学び〉
〈学級全体での学び〉
〈グループでの学び〉
〈個の学び〉

①個の役割
自分の考えがない中でグループ活動に参加しても、友達の考えを聞くだけになってしまい、有効な学びになりにくい。そこで、個人で思考する時間を確保し、自分の考えをノートに書かせてから話し合わせるようにする。

②グルーピングの工夫
大人数では、多様な意見が出やすいが、意見を集約するのが難しく、一人一人の意見が生かされにくい。また、少人数では多様な意見が出にくい。そこで、4人程度のグループをつくる。その際、進行やまとめが上手な子供を各グループに配し、話合いがスムーズになるようにする。

③ＡＬツールを用いた意見の可視化
グループ活動では、ＡＬツールを用いて、話し合ったことを可視化することで、理解を深める。学級全体の話合いにおいても、協働的な学びができるように、可視化したものを板書に掲示し、みんなで議論できるようにする。

4 「学習評価」のデザイン

評価規準・観点	自動車生産の様子と国民生活とを関連付けて、我が国の自動車生産は国民生活を支える重要な役割を果たしていることを考え、まとめている。（社会的な思考・判断・表現）
評価方法	ノートの記述・発言・話合いの様子
十分満足な状況（Ａ評価）	自動車づくりとわたしたちの生活のつながりについて、本時までに学習したことをもとに、理由や根拠を明らかにするだけでなく、具体例を挙げてまとめている。（自動車づくりはわたしたちの豊かな生活を支えています。それは、人や環境にやさしい自動車を生産しているからです。例えば、部品をリサイクルしたところです。）
概ね満足な状況（Ｂ評価）	自動車づくりとわたしたちの生活のつながりについて、学習したことをもとに、理由や根拠を明らかにしてまとめている。（自動車づくりは、わたしたちの生活を過ごしやすくしています。なぜなら、福祉や環境のことを考えて自動車をつくっているからです。）
概ね満足な状況に達していない児童への手立て（Ｃ評価）	これまでに学習した自動車づくりについて、再度掲示物やノートを見返したり、本時に配った座席プリントや板書した構造図を見ながら自動車づくりの観点と自分の生活がつながりがあるかどうかを確かめたりするよう個別に指導し、自動車づくりはわたしたちの生活をよりよくしていることに気付かせていく。

本単元における評価の例（第10時）　　※（　）内…子供の記述例

思考力・判断力・表現力を育てるには、思考・判断した結果や過程について、どのように表現しているかを評価し、指導・支援に生かさなくてはならない。そのためには、単元目標に即した評価規準を適切に設定することが重要である。

その内容については、抽象的な表現ではなく、子供の発言や記述内容など、教師が見取ることが可能な具体的な姿として想定することが大切である。

ＡＬツールは、子供の思考を可視化したものであり、教師が見取るのも可能なので、学習評価を行う上でも有効である。本小単元では、ノートの記述はもとより、付箋や「ホワイトシート」の記述、「座席プリント」などからも、思考・判断・表現の結果や過程を評価できるようになっており、多角的な評価が行える。ただし、注意したい点は評価のための評価にならないようにすることである。子供にフィードバックしていくことが大切である。

第5学年 全10時間

[本小単元の目標] 我が国における自然災害やその防止の取組について関心をもって調べ、我が国では自然災害が起こりやすく、国や県などが対策を進めていることを理解し、防災のための具体的方策について考えるようにする。

【小単元】
自然災害を防ぐ

●本小単元で付けたい力や育てたい態度

☐ 自然災害についての現状を自然や社会の要因から分析し、様々な条件を考慮しながら、人々の生活を守るためによりよい方法を考える力

☐ 自分たちが住んでいる地域の様子を把握したり、早めに避難できるよう地域の仕組みを整えたりして防災意識をもち続け、社会に参画しようとする態度

資質・能力の育成イメージ

将来　自然災害に対する備えを分析的に見たり、自ら情報を取得・活用したりして、地域の防災への取組に積極的に参画する力

主な資質・能力　　　　　　　　　　　　　　　**言語活動例**

中学校
・世界の地形や気候と比較して日本の地理的特徴をつかむとともに、それらや人間の営みと自然災害を関連付けて考える力
・日本や世界の地理的事象に関する関心

資料を的確に読み取り、資料を活用して説明するとともに、自分の解釈を加えて論述したり、意見交換したりする。

高学年
・社会に見られる課題を把握して、その解決に向けて自分たちにできることを選択・判断する力
・防災意識をもち、人々や自分の安全を守る活動に協力するなど、社会に参画しようとする意欲

自然災害から人々の生活を守るための方法を災害の原因や人々の思いを根拠に話し合う。

中学年
・災害や事故から人々の安全を守る仕事について、見学したり調査したりして調べ、工夫や努力を具体的に考える力
・安全な生活を守る地域社会の一員としての自覚

子供安全会議を開き、より安全なまちにするための意見を交流する。

低学年（生活科等）
・自分や身近な人々、社会への関心
・身のまわりには、安全を守るための人やものがあり、自分たちの生活が支えられていることに気付く力

見学で気付いたことを報告し合い、見付けたものを地図に書き込むことで気付きを共有する。

（縦書き）地理的環境と人々の生活との関わりについての理解

（縦書き）社会科で育っていく子供たちの資質・能力

STEP 01 子供の思考をアクティブにする仕掛け

学習したことや調べたこと、資料をもとに、質問したり説明したりすることを繰り返しながら、防災についての理解を深め、参画意識を高めたい！

そこで…

短冊カードを活用することで、対話を活性化させ、防災についての理解と参画意識を高めるようにする。

●ALツール 短冊カード 第7～10時

問「どうすれば土砂災害から人々の生活を守ることができるのだろう」

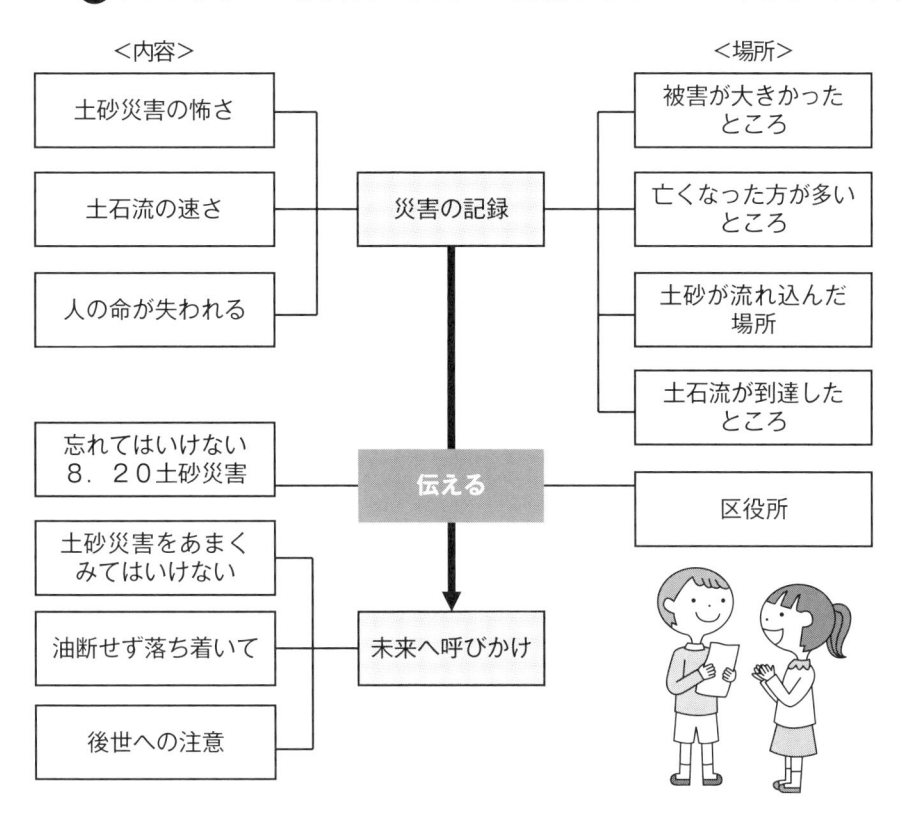

```
<内容>                              <場所>
┌────────────┐                  ┌────────────┐
│ 土砂災害の怖さ │                  │ 被害が大きかった │
└────────────┘                  │   ところ    │
                                  └────────────┘
┌────────────┐   ┌────────┐   ┌────────────┐
│ 土石流の速さ  │──│災害の記録│──│亡くなった方が多い│
└────────────┘   └────────┘   │   ところ    │
                      │          └────────────┘
┌────────────┐      │          ┌────────────┐
│ 人の命が失われる│     │          │ 土砂が流れ込んだ │
└────────────┘      │          │    場所    │
                      │          └────────────┘
                      │          ┌────────────┐
                      │          │ 土石流が到達した│
                      │          │   ところ    │
                      │          └────────────┘
┌────────────┐      ↓          
│忘れてはいけない │   ┌────────┐   ┌────────────┐
│ 8．20土砂災害 │──│ 伝える │──│   区役所   │
└────────────┘   └────────┘   └────────────┘
┌────────────┐      │
│土砂災害をあまく │      │
│ みてはいけない │      ↓
└────────────┘   ┌────────────┐
┌────────────┐   │ 未来へ呼びかけ │
│油断せず落ち着いて│──└────────────┘
└────────────┘
┌────────────┐
│  後世への注意 │
└────────────┘
```

[特徴]

① カードはあえて短冊程度の大きさにする。自分の言葉を短くコンパクトに表すとともに、それをもとに質問をしたり、意見を交わしたりすることができる。

② 工作用紙をラミネートしたものを用いることで、自分の思い付いたことや、グループで話し合ったことを気軽に書き表したり、直したりすることができ、再利用も可能である。

③ 裏に磁石を付けることで、書いたものを動かすことができ、関連付けたり、整理したりして思考することが容易になる。

STEP 02　本小単元の全体イメージ

●評価規準

社会的事象への 関心・意欲・態度	①我が国の自然災害やその防止の取組の様子に関心をもち、意欲的に調べている。 ②自然災害の防止のための具体的方策について考えようとしている。
社会的な思考・判断・表現	①我が国の自然災害やその防止の取組の様子について、学習問題や予想、学習計画を考え表現している。 ②自然災害の防止を国民生活や自分自身と関連付けて思考・判断し、国・都道府県などの取組や、国民一人一人の協力、防災意識の向上などが必要であることを表現している。

単元の展開

①教材に出合う
どうすれば土砂災害から人々の生活を守ることができるのだろう

単元の展開

●問題意識をもち、学習計画を立てよう

第1～2時 身近な土砂災害の様子から、学習問題をつくり、調べる計画を立てる。

・日本の災害の概要について知り、人々への影響を考える。
・8月20日に起こった広島土砂災害の写真から、広島の災害の特色や、土砂災害の様子をつかむ。
・学習問題をつくり、予想と調べることを考える。

[学習問題] どうすれば土砂災害から人々の生活を守ることができるのだろう

②調べ・深める
8.20 土砂災害はどのようなもので、なぜおこったのかな

●調べてわかったことを整理しよう

第3～6時 8.20 土砂災害の実態や原因、災害が発生する前までの対策を調べ、まとめる。

・計画に沿って、インターネットを使って調べる。
・調べたことを出し合ったり、資料を読み取ったりして情報を組み合わせ、土砂災害の原因が複雑に絡み合っていることについて考えを深める。
・土砂災害の被害を防止するために、国や県が取り組んでいたことと課題をつかむ。

言語活動の展開

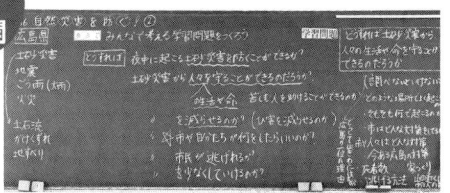

調べたいことを自由に出し合う中で、なぜそれを調べることが問題の解決に迫れるのか、理由を述べるようにする

調べたことを事前に確認し、異なることを調べた人がグループ内にいるようにし、様々な情報を出し合えるようにする

118 ｜ 自然災害を防ぐ

観察・資料活用の技能	①地図、統計などの資料を活用して、我が国の自然災害やその防止の取組の様子について必要な情報を集め読み取っている。 ②調べたことをワークシートにまとめている。
社会的事象についての知識・理解	①我が国は自然災害が起こりやすく、国や県が被害を防止するための対策や事業を進めていることを理解している。 ②国民一人一人の協力や防災意識の向上が必要であることを理解している。

③考え・まとめる

6.29 土砂災害を経験していたのに、なぜ同じような被害が出たのかな

●わかったことを深めよう

第7〜8時 過去の土砂災害をもとに、土砂災害の原因と対策について深めて考える。

・15年前にも大きな被害を出した土砂災害があったことから、「なぜ同じような被害が出たのか」という疑問をもつ。
・自主防災会の方の話から、ハード対策に限界があることや住民に警戒心が必要であることをつかむ。
・問題点や現状をもとに、どのようにすれば被害を少なくすることができたかを考える。
・学習問題を振り返り、土砂災害から人々の生活を守る方法についてまとめる。

土砂災害への対策の難しさを再認識し、どのような対策が必要かを考える場面で、短冊カードを利用して整理する

④生かす

土砂災害から未来の人々の生活を守るためにはどうしたらよいのだろう

●新たな問題を考えよう

第9〜10時 学習したことをもとに、土砂災害から未来の人々の生活を守る方法を考える。　本時

・砂防堰堤(えんてい)などハード対策に頼らない、ソフト対策として地域づくりなど、未来の人々の生活を守る方法を考える。
・住民アンケートから住民の不安や願いをつかみ、防災の仕組みづくりを見直す。
・他の地域でも被害の伝承が行われていることから、伝承の大切さに注目する。
・伝承する方法として、石碑に刻む言葉や設置する場所を考える。

地域の仕組みづくりに注目して、土砂災害から人々の生活を守る方法を考え、短冊カードに書き出す

STEP 03　本時のアクティブ・ラーニング・モデル

展開1　本時の学習問題を確認する

どんな石碑を建てたらよいかを考える

前時の学習を想起し、土砂災害を伝えることが必要であったことを共有する。

●実際の授業（教師Tと子供たちC）
- C　A地区は道路が少なく、坂が急だった。
- C　住宅を建てて、住む人が増えていた。
- T　だからこそ、災害を忘れない、語り継いでいかなければならなかったね。どんな方法があったか、しぼって考えてみよう。
- C　石碑はどうやってつくられるのかなと思いました。
- T　「土砂災害から人々の生活を守るために、どんな石碑を建てたらよいだろうか」を考えてみよう。

展開2　自分の考えをまとめる

資料をもとに石碑の内容や意味を読み取る

●実際の授業（教師Tと子供たちC）
- T　他の地域の石碑などの資料から、石碑に書かれていることや意味について考えて書こう。
- C　災害の死者が記録されている。
- C　災害を後世に伝え、二度と起きないようにしていく。
- C　どの石碑も災害を伝え、被害を小さくしようとしている。

他の地域の事例から抽出した内容と意味をもとに、自分ならどのようなことを書き、どこに置くかを考える。

ALツール活用のポイント　～見方・考え方が成長する対話

「短冊カード」活用のポイント

①現状と目的を意識する

常に、現状はどうであって、どういう社会を目指しているのかを意識しながら学習を進めることができるように、右の板書例のように、左端に「現状」と右端に「目的」を板書しておく。

そうすることで、短冊カードの内容を吟味する際に、「現状の問題点を解決する方法になっているか」「目的を達成できる方法か」という視点で検討することができる。

②質問と説明を繰り返す

しっかり見て、考える時間を確保した後、質問する時間を設ける。質問がない子供は説明する役割を担うようにする。説明は、「短冊カード」を貼った子供と別の子供のほうがよい。子供に短冊をもとに対話するよう促しながら、指導者は見方・考え方が高まるポイントを見逃さないようにする。

③学習方法を身に付けることもねらう

「短冊カード」による学習活動を子供に定着させることができれば、将来、物事を考えるときのワーキングツールとして子供を助けることにつながると考えられる。

第10時

展開3 自分の考えをカードに書いて黒板に貼り、全員で話し合う

黒板に短冊カードを貼り出す

黒板に貼り出した短冊カードについて、質問したり説明したりする。

●実際の授業（教師Tと子供たちC）

T 質問はありますか。
C 「後世への注意」ってどういうことですか。
C 「これより下へ家を建てるな」というアドバイスだと思います。
T 災害が起こった場所と起こっていない場所に建てるという意見の両方がありますね。
C 両方必要です。まだ起こっていないところでは、知ってもらわないといけない。
C 起こったところでは、また起こるかもしれないし、新しく住む人もいる。

展開4 石碑の意味を考え、本時を振り返る

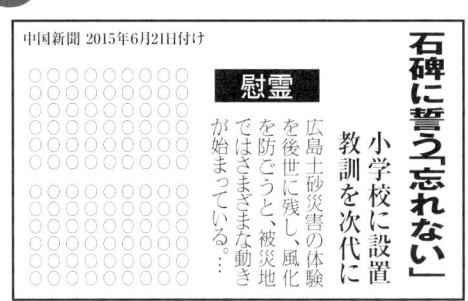

小学校の敷地に建てられる石碑の新聞記事

実際に建てられた石碑の場所から、伝えることの大切さを感じ取り、自分たちのアイディアとの共通点をつかむ。

●実際の授業（教師Tと子供たちC）

T 「広島土砂災害　忘れまい8.20」は、小学校に建てられました。なぜだろう。
C 小学校が避難場所だから。
C ここで人が育っていくから、学校にあったら覚えてくれて、後世に伝えてくれる。
T 育っていくのは誰かな。
C 子供です。
T 子供たちに伝えたかったんだね。

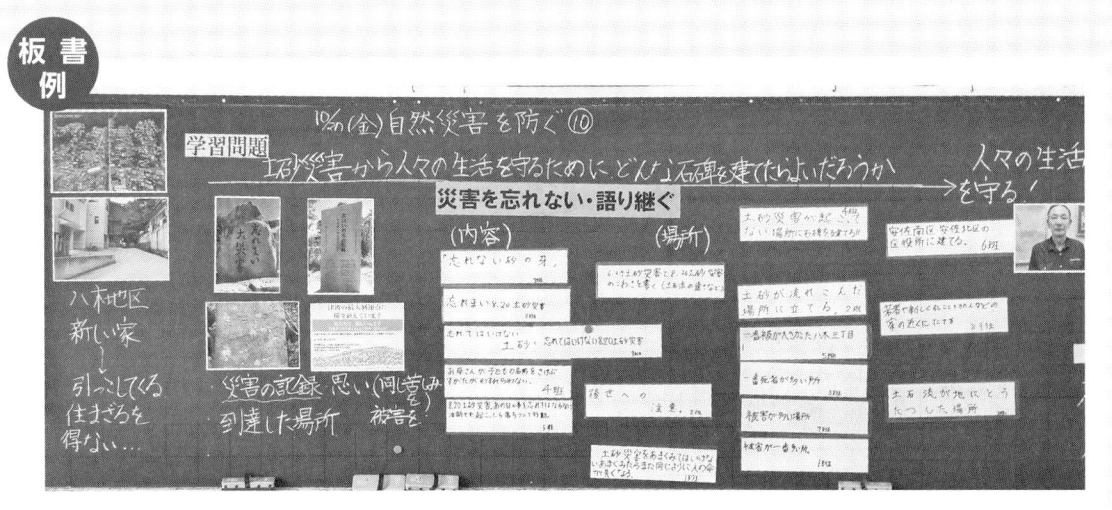

板書例

「短冊カード」は動かせるので、子供に自由に貼らせ、活発に意見が出るようにすることが重要である。整理するのも子供にさせることで、考える力につながることが期待される。

第5学年・全10時間 | 121

STEP 04 本小単元における授業の４つのデザイン

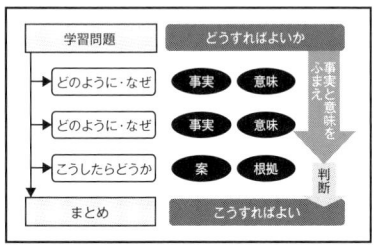

1 「問い」のデザイン

「どうすれば型」モデル

単元の最初に自然災害の様子を提示し、被害の概要やそこに暮らす人々の思いを考えるようにする。「二度と土砂災害を起こさないようにしないといけない」という思いから、「どうすれば土砂災害から人々の生活を守ることができるのだろうか」という問いを生成する。切実な思いから、未来を創り出そうとする問いである。

すると、現状の理解が足らないことに気が付く。「なぜ災害が起こったのか」「予想できなかったのか」「対策は立てていなかったのか」など、多様な問いに沿って、事実認識を深めていく。そのような理解をもとに、再び「どうすればよいか」と問い、単元の導入時より深まりのある議論を展開していくようにする。

しかし、授業で扱える知識は、実社会のほんの一部。土砂災害でも、様々な立場の人がいたり、一人一人に複雑な背景があったりして、すべてを考慮して判断することは困難である。そこで、子供には、これで解決したと思うのではなく、「もっと現状を調べなければいけないのではないかな」「もっとほかの方法はないかな」「目標を変えることも必要かもしれない」など、よりよい解決を求めて、考え続けるようにしていかなくてはならない。

2 「教材化」のデザイン

広島県は、土砂災害危険箇所が全国一位であり、住民にとって土砂災害は身近な災害である。その原因は、山がちな地形で崩れやすい急峻な崖や谷が多くあり川の流れが速いことや、マサ土と呼ばれる砂質の崩れやすい土壌が広く分布していることが挙げられる。

また、狭い平野部に住宅地が密集し、人口の増加に伴って崖のすぐそばや谷の出口まで宅地開発を進めてきたことも要因の一つである。土砂災害は、広島のみならず日本の国土や近年の災害の特徴を反映したものであり、土砂災害は我が国の象徴的な災害であるとも言える。

「自然災害を防ぐ」の単元での教材化のポイントは、三つある。一つ目は、子供にとって身近な教材を取り上げたり、または、身近であると感じられるような工夫をしたりすることである。自分にとって遠い教材では、問題意識も当事者意識ももちにくく、主体的な学習は望めない。

二つ目は、調べる中で災害の原因が明確になり、原因をもとにした対策が考えられる教材を扱うことである。子供に考えることを促す際に、的外れにならないようしていくには、原因と目標を明確に定めておくことが肝心である。「地形」「地質」「宅地開発」などの原因が明確になることで、子供は自ら対策を考える学習を進めるようになる。

三つ目は、様々な立場の人や様々な意見が出る教材を取り上げることである。地域には、お年寄りもいれば、乳児もいる。自然災害を防ぐ方法をめぐって、様々な考えを意識することで、子供は活発な議論を交わすことが期待される。

3 「協働的な学び」のデザイン

本単元では、協働する場面を三段階に分けて用意した。第1段階は、土砂災害の原因について共有する場面。それぞれが調べたことを持ち寄り、理解を深める。第2段階は、土砂災害への対策を共有する場面。原因をもとに、自分たちなりの対策を考え、意見を交わす中で、予算や住民の思いなどに気付いていく。第3段階は、厳しい現実の中で、新たな備えを検討する場面。現状や目標を明確にしながら、どのような対策ができるのかについて互いのアイディアを吟味する。

これらの場面で「協働的な学び」を円滑に進めるには、二つのことが必要である。一つは、個人の情報収集。より多くの情報を個人が集めることができれば、それだけ深い理解を得ることができる。もう一つは、現状の分析と住民の願いを常に意識して、学習を進めること。現状と願いが、様々なアイディアの根拠になり、有意義な対話が生まれる。

4 「学習評価」のデザイン

学習の内容	・自分も地域の一員として、防災に取り組もうとしている。 ・伝承していくことの大切さを理解している。
学習の仕方	・土砂災害の原因をもとに考えたら、自分の意見をもちやすかった。 ・友達と自分の考えを組み合わせて碑文の内容をつくることができた。

第10時の評価例　　　（関心・意欲・態度）（知識・理解）

①何を評価するのか

アクティブ・ラーニングでは、学習内容の理解とともに、学習の仕方も重要な要素であると考えられる。どのような学習の仕方をしたことが、自分の学ぶ力を伸ばしたのかを把握することも重要である。

よって、学習評価は、子供の学習の状況を「内容」と「仕方」の二つの側面から見取るようにする（左図を参照）。

②どのように評価するのか

評価の方法は、3種類考えられる。一つ目は自己評価。1時間の最後に振り返る時間を設け、その時間で「わかったこと」「考えたこと」を記すようにする。二つ目は教師評価。子供の振り返りや発言したことを指導者が見取っていく。三つ目は相互評価。友達の発言を受けて同調したり、意見したりすることで、評価していく。

第10時では、石碑の内容について子供が意見をノートに書いた際に、友達が意見を述べたり、教師が発言を促したりした。こうした評価が、子供の学びを主体的にしていく。

第6学年 全6時間

[本小単元の目標] 戦国時代から江戸幕府のはじまりまでの社会の変化について、織田信長、豊臣秀吉、徳川家康の働きや代表的な文化遺産を通して調べ、戦国の世が統一され、身分制度が確立し、武士による政治が安定したことを理解できるようにする。

【小単元】
3人の武将と天下統一

●本小単元で付けたい力や育てたい態度

- ☑ 歴史上の人物の働きや代表的な文化遺産について調べたことや、その意味について考えたことを基に人物業績評価をまとめる力
- ☑ 歴史上の人物の働きやその意味について考えようとする態度

資質・能力の育成イメージ

将来 人の働きやその影響について絶えず考え、力を合わせてよりよい社会を創り出そうとする態度

主な資質・能力

中学校
- 歴史に見られる諸課題について、複数の立場や意見を踏まえて選択・判断する力
- 歴史上の人物と文化遺産を尊重する態度

高学年
- 遺跡や文化財、資料などから、人物の働きや代表的な文化遺産についての情報を集め、読み取り、まとめる技能
- 自分たちの生活の歴史的背景や歴史を学ぶ意味を考えようとする態度
- 我が国の歴史や伝統を大切にし、国を愛する心情

中学年
- 地域の人々の思いや願いを共感的にとらえ、働きの意味を考える力
- 地域の発展に尽くした先人の働きへの関心、地域社会に対する誇りと愛情

低学年（生活科等）
- 具体的な活動や体験を通して、身近な社会や事象に関心をもち、自分自身や自分の生活と関わらせながら振り返る力

社会科で育っていく子供たちの資質・能力

歴史や伝統と文化についての理解

言語活動例

時間的・空間的に事象を比較しながら、その社会的事象の意味をキーワード化する話合いをする。

新しい時代を築くために3人の武将のどの業績が大きい影響を与えたかついて話し合う。

単元で登場した人物や事象に対して、自分の社会生活と比べながら、振り返りを書く。

活動や体験して気付いたことを絵カードなどに整理し、感じたことや思ったことを友達と伝え合う。

STEP 01 子供の思考をアクティブにする仕掛け

歴史事象の意味を考えることで、歴史上の人物のねらったことや貢献したことをより深くとらえさせたい！

そこで…

「3人の武将業績評価カード」を活用して、自分たちなりに3人の武将が行った業績の結果や影響をとらえるようにする。

ALツール 3人の武将業績評価カード [第6時]

問「3人の武将の業績はどう評価したらよいのだろう」

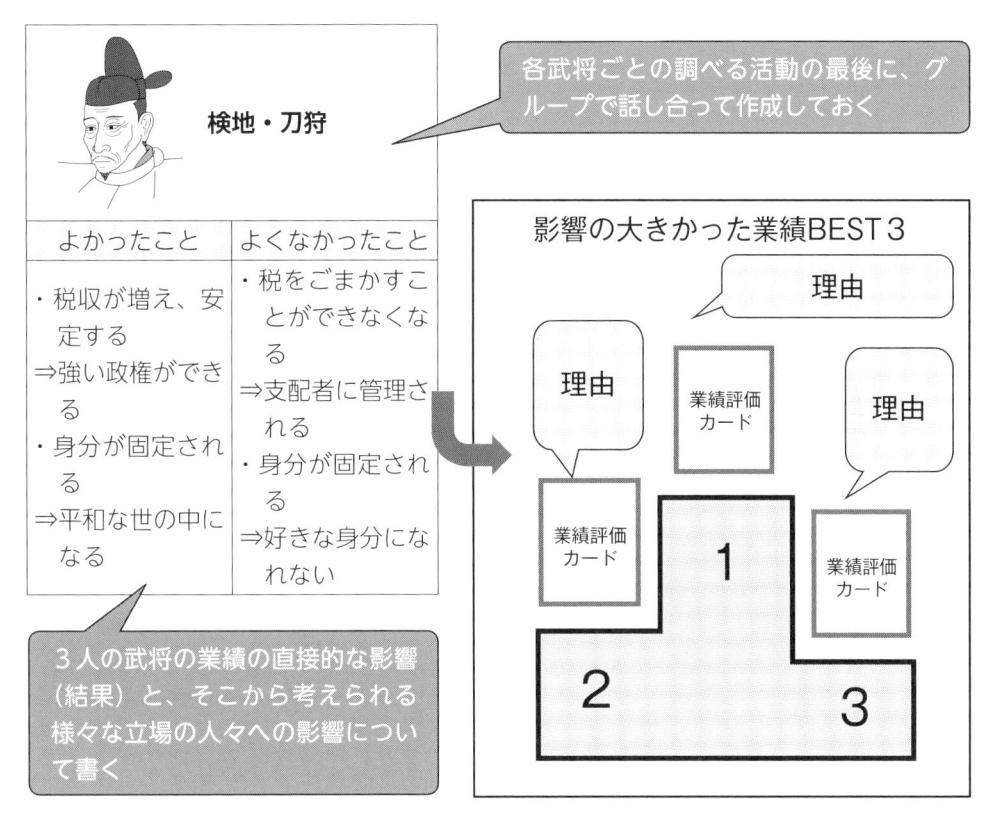

検地・刀狩

よかったこと	よくなかったこと
・税収が増え、安定する ⇒強い政権ができる ・身分が固定される ⇒平和な世の中になる	・税をごまかすことができなくなる ⇒支配者に管理される ・身分が固定される ⇒好きな身分になれない

各武将ごとの調べる活動の最後に、グループで話し合って作成しておく

3人の武将の業績の直接的な影響（結果）と、そこから考えられる様々な立場の人々への影響について書く

影響の大きかった業績BEST3

理由／業績評価カード／理由／業績評価カード／業績評価カード

1　2　3

[特徴]

①それぞれの業績を多面的に考えることによって、3人の武将が世の中をよくしようと苦悩したり努力したりしたことをより深く理解でき、先人に対する誇りを感じることができる。

②新しい取組をする際には、必ずメリットとデメリットがあることに気付くことができる。デメリットを踏まえたうえで、よりよい決断を下していくことの大切さを理解することができる。

③単元末に「3人の武将業績評価カード」を用いながら、「影響の大きかった業績BEST3」について話し合うことで、同じ歴史的事象であっても受け止め方（価値観）が異なることがわかる。

STEP 02　本小単元の全体イメージ

●評価規準

社会的事象への 関心・意欲・態度	①戦国の世の統一に関わる3人の武将の働きや代表的な文化遺産に関心をもち、意欲的に調べている。
社会的な思考・判断・表現	①戦国の世を統一するために、3人の武将がどのようなことを行ったのか、考え表現している。 ②調べたことを比較・関連・総合しながら3人の武将の願いや働き、意味を考え、適切な言語で表現している。

単元の展開

①単元に出合う
「長篠の戦の屏風」をじっくり見てみよう

気付いたことを話し合おう

第1時　「長篠合戦図屏風」から、室町幕府が弱体化した後の様子に関心をもつ。

・「長篠合戦図屏風」を見て気付いたことを話し合うことで室町幕府が弱体化した後の様子に関心をもつ。さらに、「江戸図屏風」を見ることで、どのようにして平和な世の中がもたらされたのかについて関心を高める。

長篠合戦図屏風

江戸城図屏風

戦国時代と江戸時代の「城」を見比べて話し合う

②問題をつかむ
3人の武将の業績について調べよう

●学習計画を立てよう

第2時　3人の武将の業績を年表から調べ、学習問題をつかみ、学習計画を立てる。

・3人の武将の年表から、3人の武将がどのようにして戦国の世を統一していったのかについて予想を膨らませ、学習計画を立てる。

[学習問題] 織田信長、豊臣秀吉、徳川家康は、どのようにして戦国の世を統一していったのだろう？

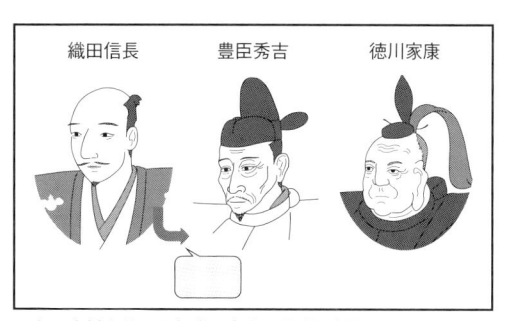

織田信長　豊臣秀吉　徳川家康

3人の武将を並べた年表に自分の予想や疑問に思ったことを吹き出しで書き込む

126　｜　3人の武将と天下統一

観察・資料活用の技能	①戦国の世の統一に関わる3人の武将の働きや代表的な文化遺産について、必要な情報を集め、読み取っている。 ②調べたことを作品やノートなどにまとめている。
社会的事象についての知識・理解	①織田信長、豊臣秀吉、徳川家康の3人の武将の働きによって、戦国の世が統一され、身分制度が確立し、武士による政治が安定したことを理解している。

③調べる

3人の武将は、天下統一をめざしてどのようなことを行ったのだろう

● 調べたことをまとめよう

第3時 織田信長の業績について調べる。
第4時 豊臣秀吉の業績について調べる。
第5時 徳川家康の業績について調べる。

・3人の武将の業績を一人ずつ調べ、調べたことをノートにまとめる。また、「3人の武将業績評価カード」をグループで協力し合いながらつくる。

④学び合い・まとめる

戦国の世を統一したのには、どの業績の影響が大きかったのだろう

● 3人の武将の業績について話し合い、まとめよう

第6時 3人の武将の業績の意味について考え、まとめる。　本時

・個人・グループ・全体など様々な場の設定で3人の業績を評価することで、その意味をより深くとらえる。
・話合いの後、単元の学習問題に対するまとめをする。

検地・刀狩	
よかったこと	よくなかったこと
・○○○○○○ ⇒□□□□□□	・○○○○○○ ⇒□□□□□□

「3人の武将業績評価カード」を話し合いながらつくる

影響の大きかった業績 BEST 3

理由

「3人の武将業績評価カード」を使いながら「影響の大きかった業績 BEST 3」を話し合う

STEP 03　本時のアクティブ・ラーニング・モデル

展開1　自分の BEST 3 を考える

自分の考えを明確にしておく

　グループの「3人の武将業績評価カード」をグループの机の中央に置き、みんなが見ることができるようにしておく。
　まず自分の考える影響の大きかった BEST 3 を考え、ノートに記述する。じっくりと考えることで、意見に深まりをもたせることができるので、自分の意見をあらかじめ家庭学習で考えておくのも有効である（時間的にも短縮できる）。
　次に自分がどうしてそのように考えたのかについてグループ内で交流する。
　交流を進めながらグループで順次、展開2へと話を進めていくようにする。

展開2　グループで話し合う

グループで相談し、全体発表する

　グループで話合いながらグループの BEST3 を決める。その際、四つ切り程度の大きさの紙に書き込むようにする。発言の際には、教科書や資料集、ノート、あるいは家庭学習で調べてきた資料等を見せながら、相手意識をもって話すようにする。
　代表者が一人、自分たちが考えたことについて、グループの「影響が大きかった BEST 3」を示しながらプレゼンテーションを行う。
　教師は発表の中で取り上げられそうな業績をあらかじめフラッシュカードで用意しておき、黒板に貼る。

ALツール活用のポイント　〜主体的・協働的な学びを実現する内化と外化

「3人の武将業績評価カード」の活用のポイント

①**多角的に考える力を育む**
　1つの事象に対して、様々な立場からその影響を考えるようにする。どの事象にもメリット・デメリットが存在するからこそ話し合う必要性が生じてくる。

②**多様な見方を大切にする**
　グループや全体で話し合う際には、自分の考えに凝り固まるのではなく、多様な考えを許容する態度が必要である。同じ事実であっても、その見え方は多様であることを感じ取ることができる教材としたい。

③**あえてランキングさせる**
　新しい世の中をつくるための様々な業績の影響の大きさをランキングすることを通して、「平和で安定した世の中を築く」という3人の武将のねらいに子供の思考を近付かせる。そうすることで、この後、学習する江戸幕府の政治のねらいもスムーズにとらえることができる。

④**ＡＬツールを柔軟に活用する**
　表彰台については、自由にレイアウトできる。「3つの業績をすべて1位にしたい」とか「特別賞をつくりたい」などの意見は、すなわち歴史的事象の見方といえる。形式にこだわらず柔軟に活用したい。

第6時

展開3 全体で話し合う

黒板上でみんなの意見を整理する

　黒板に貼られたフラッシュカードを見ながら、全体でさらに話し合う。発言の際には壁面に貼られている資料を指示したり、手持ちの資料を投影機で大きく見せたりすることで、聞き手が視覚的に根拠をとらえることができるようにする。

　教師はプラス面やマイナス面の意見によってフラッシュカードを動かしたり、意味付けられた言葉を板書したりしながら黒板を整理していく。黒板には、上下に影響力の大きさを、左右に時間的な流れを表すようにする。

　学級の実態によっては、子供たち自身でフラッシュカードを動かしながら発言するのもよい。

展開4 本時を振り返り、まとめる

最後に自分の考えに戻り、振り返る

　本時の話合いを踏まえて、最後に自分の「影響の大きかった業績BEST3」をノートに記述する。また、最初に自分が考えたBEST3と見比べ、「なぜ変わったのか」「なぜ変わらなかったのか」についても記述するようにする。

　本時の評価では、この時点の記述で「混乱の世を平和で安定した世の中にしようとした」という、3人の武将の業績の共通した歴史的意義に到達しているかどうかを見取ることができる。

　最後には単元の学習を振り返る。現在の社会や自分の生き方とのつながりから見た3人の武将の働きについて考え、記述するようにしたい。

板書例

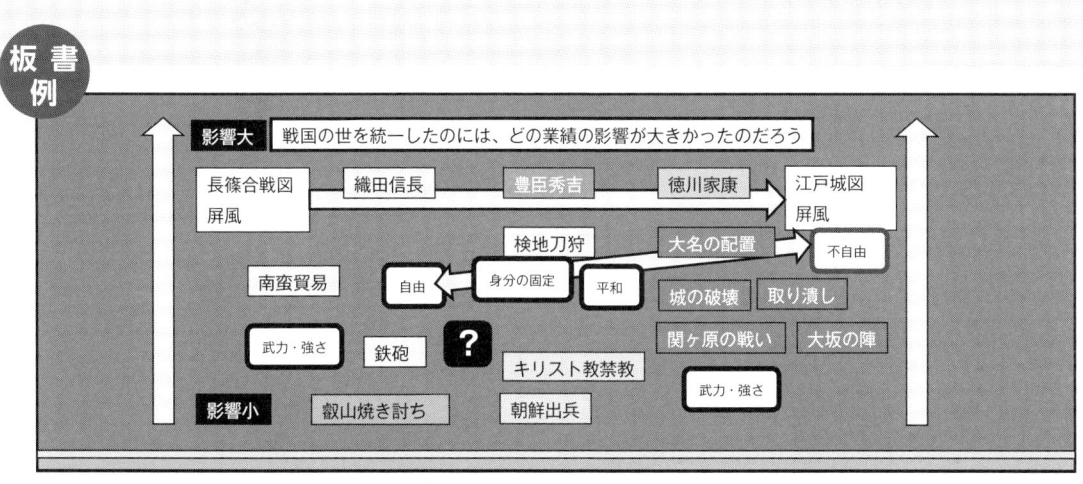

影響大　戦国の世を統一したのには、どの業績の影響が大きかったのだろう

長篠合戦図屏風 ― 織田信長 ― 豊臣秀吉 ― 徳川家康 → 江戸城図屏風

検地刀狩　大名の配置　不自由
南蛮貿易　自由 ← 身分の固定　平和　城の破壊　取り潰し
武力・強さ　鉄砲　？　キリスト教禁教　関ヶ原の戦い　大坂の陣　武力・強さ

影響小　叡山焼き討ち　朝鮮出兵

　業績のフラッシュカードは、武将のごとに色を変え、視覚的にとらえやすいようにする。フラッシュカードを動かしながら、クラスの意見を黒板上で完成させていくようにする。

STEP 04 本小単元における授業の４つのデザイン

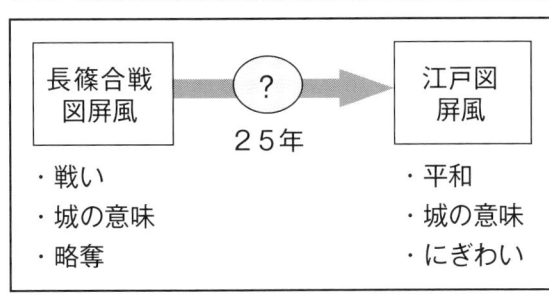

1 「問い」のデザイン

```
┌─────────┐           ┌─────────┐
│ 長篠合戦 │    ?     │ 江戸図  │
│ 図屏風  │ ──────→  │ 屏風   │
└─────────┘   25年    └─────────┘
・戦い                 ・平和
・城の意味             ・城の意味
・略奪                 ・にぎわい
```
「トンネル型」モデル

単元の入り口では、「長篠合戦図屏風」をじっくりと見ることからはじめる。「長篠合戦図屏風」には、織田・徳川連合軍と武田軍の戦い方の違いや本単元で取り上げる３人の武将の存在、攻め込まれる長篠城など、様々な情報を発見することができる。また、追加の資料として、戦時に略奪を繰り返す足軽の様子を示すことで、当時は社会の秩序があるとは言えず、力こそがモノを言う争いの多い時代であることをつかむことができる。

一方、「江戸図屏風」に描かれている江戸城には、同じようにたくさんの人がいるが、争っている様子はなく、人々でにぎわっている。

この江戸時代がはじまったのは長篠の戦いからわずか25年。同じ城下でも、まったく異なる様子に、子どもたちは「25年の間にだれがどうしてこんなに平和な世の中を築いたのだろう」という疑問を抱いた。

このように、時代の変化する前と後の資料を比較して提示することで、「だれが？どのようにして？」の問いが生まれる。歴史学習ではトンネル型の問いの型が有効な場面が多い。

2 「教材化」のデザイン

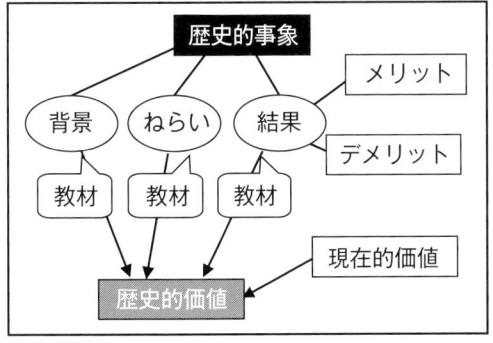

```
        歴史的事象
       ／  │   ＼
      ／   │    ＼  ──メリット
    背景 ねらい 結果
     │    │    │   ──デメリット
    教材  教材  教材
     ＼   │   ／
      ＼  │  ／    ──現在的価値
       ↓ ↓ ↓
      歴史的価値
```
教材の構造

例えば「豊臣秀吉が検地・刀狩を行った」という歴史的事象一つをとってみても、教材研究を深める。具体的には、「その時の時代背景はどうであったか」「豊臣秀吉のねらいは何だったか」「結果、どのようなよい影響と悪い影響があったのか」などといった事象のもつ意味を調べる。それらを子供たちの発達段階に応じてどこまで提示するかを吟味した後、子供たちにできるだけわかりやすい資料を選択し、教材として準備する。

本単元では、最後に歴史的価値を問う学習を設定した。その意図は、決してある一定の価値へと導くことではなく、価値について理由を付けながら話し合うことで、歴史的事象の意味に迫るためである。子供たちからは、当初は「農民から搾り取ろうとしている」とか「反抗できないようにするなんてずるい」といった、政策に対して否定的な反応が多かったが、徐々に「でも政権が強くならないと、また繰り返してしまう」とか「やっぱり農民が武器を持っているのはおかしい」といった意見も出てきた。

教師も子供も、歴史の楽しさを味わいながら学習を進めることが大切だと思う。

3 「協働的な学び」のデザイン

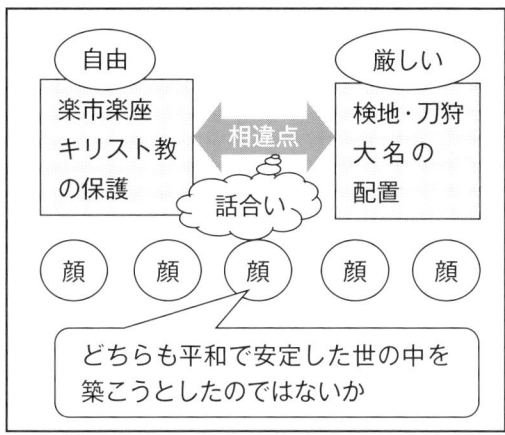

社会的事象の価値を問う授業では、一人一人の価値観が異なるため、「協働的な学び」が有効に機能する。「影響の大きかった業績 BEST 3」の話合いでは、それぞれ子供たちが自分なりに根拠をもって発言をする。例えば今回の学習では、織田信長の「楽市楽座」や「キリスト教の保護」などといった比較的開かれた自由な政策と、豊臣秀吉と徳川家康の「検地・刀狩」や「大名の配置」といった厳しい支配の政策においては、どちらがよい影響をもたらしたかについて意見が割れる。しかし、根拠を明確にしながら話合いを進めていく中で、3人の武将はそのときの状況の中で共通して平和で安定した世の中を築こうとしたのではないかという結論に行きついた。一見違った考えに実は共通性があることに、「なるほど！」の声があがった。

このような「協働的な学び」を行うことで、見方や考え方が広がり深まっていくだけでなく、自分の意見を大切にしつつ、友達の意見を認め合う集団づくりも育まれていく。

協働的な学びの意義

4 「学習評価」のデザイン

本単元での学習評価を観点ごとにBの具体的な姿で想定することにした。

関心・意欲・態度の評価は、調べ学習時に意欲的に取り組んでいる姿をBとした。

思考・判断・表現の評価は、第6時の最後に自分の「影響の大きかった業績 BEST 3」を根拠に、「平和で安定した世の中」というキーワードがある場合をBとした。

技能の評価は、調べ学習でキーワードを適切に用いることができている作品をBとした。

知識・理解は、単元のまとめで単元のキーワードとなる言葉を正しく使っている記述をBとした。

授業の最後には自分の考えを書くよう習慣付けている。歴史で学んだことを現在に置き換えたり、自分事としてとらえたりする記述が増えると、「態度」の評価付けにも有効である。

関心・意欲・態度	思考・判断・表現
3人の武将の働きについて関心をもち、意欲的に調べている。	「影響の大きかった業績 BEST 3」の根拠に「平和で安定した世の中」というキーワードがある。
技能	知識・理解
キーワードとなる業績や文化遺産を適切に用いながら、調べたことをまとめている。	キーワードを適切に用いながら、自分の言葉で単元のまとめを書いている。

本単元の評価規準（B）

第6学年 全8時間

[本小単元の目標]江戸時代から明治時代へと、文明開化の中で変わっていく人々の暮らし方の違いについて、古い写真と年表を使って具体的にその変化の様子をつかみ、歴史的な事実と自分の考えを関連付けて考えるようにする。

【小単元】
文明開化と人々の暮らし

●本小単元で付けたい力や育てたい態度

- ☑ 古写真を時代ごとに分類するために、その分類の方法に根拠をもって説明し、その根拠となる資料を活用していく力
- ☑ 自分で調べつくり上げた年表を活用し、歴史的な事実と人々の暮らしの変化について関連付けて説明する力
- ☑ 我が国の歴史事象についての興味・関心

資質・能力の育成イメージ

将来 事実をもとに、事象を多面的・多角的に考察・解釈する力

主な資質・能力

中学校
- 推移や変化などに着目して、社会的事象を見いだし、時代の特色や転換の契機を多面的・多角的に考察する力

高学年
- 年表や写真などの資料から、人物の業績や時代の様子に関する情報を集め、読み取り、まとめる技能
- 時期や時代の経過に着目して、社会的事象の特色や意味を多面的に考える力
- 我が国の歴史や伝統を大切にし、国を愛する心情

中学年
- 道具の変化などに着目して、人々の生活の変化を考える力
- 地域社会に対する誇りと愛情

低学年（生活科等）
- 体験して発見したことを、動作化したり言語化したりして相手に自分の思いを伝える・話すときに、なぜそう考えたのかをはっきりと示す。

社会科で育っていく子供たちの資質・能力

歴史や伝統と文化についての理解

言語活動例

問題解決のためのプロセスを自ら設定し、そのために必要な情報を収集しながら、友達との議論や情報の共有化を図っていく。

調べてきた事柄をもとに、友達と互いの情報を精査しながら、自分の立場を明確にして問題解決に向けて話し合う。

資料の読み取りを通して、人によって視点が違うことを確認し、多面的に資料を読み取れるように話し合う。

マップなどに発見したことをまとめながら、友達と話し合う。

STEP 01 子供の思考をアクティブにする仕掛け

「時代の流れを視覚化し、その人々の暮らしの変化を考えさせる」ことを通して、歴史的事実と自分の考えを関連付けながら説明させたい！

▼そこで…

「写真ヒストリー年表」を活用して、古写真から見とったことに、歴史的事実を書き込み、根拠のある発表資料にしていく。

●ALツール 写真ヒストリー年表 第2・3時

問「江戸末期から明治時代にかけてどんなことが起こったのだろう」

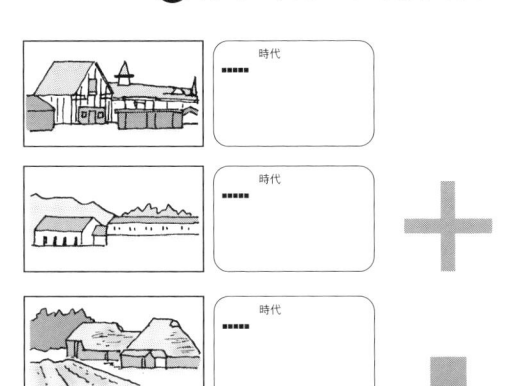

[特徴]
①写真を時代別に分けるときには、なぜそう思ったのか根拠を示すようにする。
②年表づくりは個人で調べたものをもとに、グループでまとめていくようにする。
③グループで年表に写真を区分しながら貼り付ける。歴史的事実をもとに予想することで、根拠を説明するために対話が生まれ協働的な学びが行われる。また、自分の気が付かなかった点にも思考が広がり、学びが深まっていく。そして、対話の中から新たな問いが自然発生し、次時へとつながっていく。

STEP 02 本小単元の全体イメージ

●評価規準

社会的事象への 関心・意欲・態度	①文明開化期の町の様子に興味をもち、意欲的に調べている。 ②江戸時代から明治時代へと移り変わる人々の暮らしの変化について、自分なりの問題意識をもって考えようとしている。
社会的な思考・判断・表現	①明治という新しい時代になって人々の生活が変化したことや、様々な改革を行った人々の思いや願いについて、考え表現している。 ②歴史的事実をもとに、時代の変化の要因について自分なりの考えを示している。

単元の展開

単元の展開

①問題をつかむ

江戸時代の写真と明治時代の写真、それぞれの時代に分類しよう！

学習活動の見通しをもとう

第1時 古写真を、より正確に分類するためには何について調べればよいのか見通しをもつ。

古写真を、時代ごとに分類する活動を通して、写真から読み取った情報を友達と共有し予想を立てる。その上で、より正確に分類するための歴史的事実に関心をもち、学習の見通しを立てる。

②調べる

歴史的事実を年表にまとめて、写真を分類する手がかりにしよう

●調べたことや確認したことをまとめよう

第2〜3時 写真ヒストリー年表に江戸時代末期から明治時代にかけて起こった歴史的事実を調べてまとめる。

年表にまとめる際、友達と確認しながら進めていけるようにする。

第4〜5時 調べた歴史的事実の中で、政治的な変化ついて話し合う。

①明治新政府の改革
　廃藩置県・富国強兵・殖産興業・地租改正
②自由民権運動と国会開設
　上記について調べたことを共有し、「人々の暮らしの面ではどのような変化があったのか」という新たな問いをもつ。

言語活動の展開

手掛かりを友達と話し合いながら分類する

調べてきたことを友達と共有する

観察・資料活用の技能	①年表や基礎的な資料から、文明開化期の町の様子に関する情報を集めている。 ②江戸時代から明治時代へと移り変わる人々の暮らしの変化について、調べたことを整理してまとめている。
社会的事象についての知識・理解	①江戸時代末期から明治時代にかけて、当時の人々が西洋文化を取り入れた様々な諸改革を行うことで、文明開化が起こり、庶民の暮らしにも変化が起きたことがわかっている。

③考え・学び合う

文明開化によって、人々の暮らしはどう変わったのだろう？

● 出てきた問いについて話し合おう

第6時 調べた歴史的事実の中で、人々の暮らしの変化について確認し、話し合う中で、新たな問いをもつ。

「文明開化によって人々は○○になった」という形でまとめを書き、次時への問いを立てる。

第7時 新たな問いについて話し合う。　[本時]

文明開化によって人々の価値観が変わったというまとめに対して、どのように変わったのか、写真ヒストリー年表を使って具体的な事象を取り上げて話し合う。

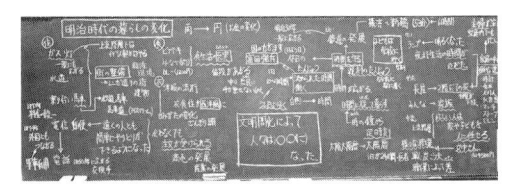

人々の暮らしの変化について話し合う中で新たな問いをもつ

④まとめ・生かす

クラスで1つの大きな年表をつくって、学校のみんなに伝えよう

● クラスで共有したことを学校に発信しよう

第8時 話合いで共有したことをもとに、学級で写真ヒストリー年表を作成し、学校のみんなに発信する。

特別教室の黒板に一人一人がまとめていく。それを写真にとり、ワークシートなどにいつでも貼り付けて活用できるようにする。

写真ヒストリー年表を作成する

第6学年・全8時間 | 135

STEP 03　本時のアクティブ・ラーニング・モデル

展開1　本時の問いを確認する

> **価値観が変化した。**→働く時間が長くなり、自由に過ごせる時間は少なくなってしまったけど、その分、仕事によってたくさんの収入があるようになり、明治時代になって人々の価値観もかわったのだと思う。
> **豊かになった。**→国が豊かになれば、他の日本のよさが出てきて、それのおかげで外国との交流もできて、もっといい国になると思う。
> **価値観が変わってしまった。**→国が豊かになることも大切だけど、日本のよさを守っていくことも大事だと思う。気ままに暮らすのも日本人のよさだと思う。
> **自由じゃなくなった。**→太陽暦によって時間に縛られて、自分のために使える時間が減ってしまった。

意見の相違がしっかりとわかるように一覧にする

「文明開化によって、人々は○○になった」という前時のまとめを一覧にして配る。それを見ながら、自分の意見に近い人には赤で線を、反対の人には青で線を引いていく。そうすることで、自分の意見を再確認するとともに、思考のズレをもつ友達の意見を気にするようになる。

● **実際の授業**（教師Tと子供たちC）
- T　意見に違いがある人はいましたか。
- C　気になる人は、何人かいた。
- C　ちょっと意見を交流して、話を聞いてみたい。
- T　じゃあ、少し時間をとって交流をしようか。

展開2　自分の思考を整理する

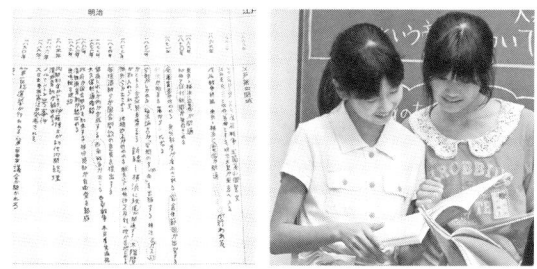

年表と小グループ話合いで意見の足場を固める

年表から自分の意見の根拠となる部分を探し赤で丸を付ける。

その後、自由に教室を歩き回り、小グループで話合いを行うことによって、今まで自分になかった視点を取り入れ、全体で話し合う際の足場づくりを行っていく。このとき、前時の板書を振り返ることができるように写真などをとり、子供たちに配っておけば、さらに論拠をしっかりと立てられるようになってくる。

話合いの後は、短い時間でよいので、もう一度自分の考えを見直せる時間をとる。

ALツール活用のポイント　～「主体的な学び→協働的な学び→深い学び」の3つのプロセス

「写真ヒストリー年表」の活用のポイント

①主体的な学びのプロセス

主体的な学びはアクティブ・ラーニングの根幹である。自らがつくりこんだ年表を根拠にすることによって、学びの活性化が図られる。

同時に、新たにわかったことを書き込んでいくことによって、そのプロセスをつないでいくことが重要である。

②協働的な学びのプロセス

年表を使い、視覚的に互いの調べたことや、つかんだ歴史的事実の共有を行う。その際に、「この子供はなぜこう意見をもつに至ったのか」を認識させる。意見が近ければ、その子供の意見を取り入れて、自身の意見を補強することにつながる。また、ズレがあったならば、そこから新たな問いを見付けることにつながる。互いの思考、認識を明確にすることによって対話を活性化させていく。

③深い学びのプロセス

上記のように、意見のズレから新たな問いが生まれることがある。その際、その問いが全体で話し合う質の高いものであったならば、問い直しを行い、深めていく。

そのためには、それぞれの個の見取りを教師が十分に行っておく必要がある。

第7時

展開3 全員で話し合う

意見のズレから話合いの焦点化を図る

　文明開化によって起こった人々の暮らしの変化に、好意的な視点と、懐疑的な視点があることを確認し、特に「太陽暦の採用」についての意見が本時の問いとなるように問い直しや揺さぶりによって徐々に焦点化させていく。

　「太陽暦の採用により、時間に縛られ、人々の価値観が変わってしまった」という考えについて、それぞれの考えを述べるようにしていく。その際、太陽暦の採用によってもたらされた変化のよい点、課題点をそれぞれ明確にしていくことで話合いの論点を整理していく。

展開4 学習を振り返り、考えをまとめる

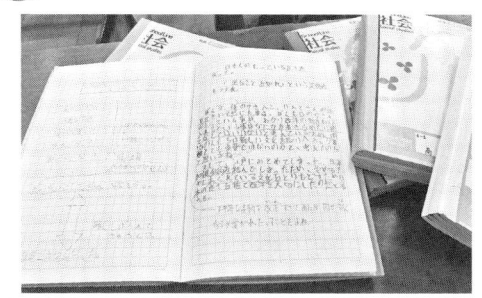

たまったノートを冊子にしていくことで、意欲の向上をねらう

●**実際の子供の振り返り**

　ゆったりとした時間意識は失ったけど今の日本を見るとよかったと思う。メリハリがあるし、あのままだったら、他の国との関係もよくない。それに、今の私たちの生活はこの時代がスタートになっている気がするし…。Sさんの考えもわかるけど、私は、今の日本が好きだから、やっぱり何か失うことになっても、文明開化で大きな変化が起こったのは結果的によかったんだと思う。

　次時の学習で、話合いをして気付いた自分の考えも書き込んでいくことを確認する。

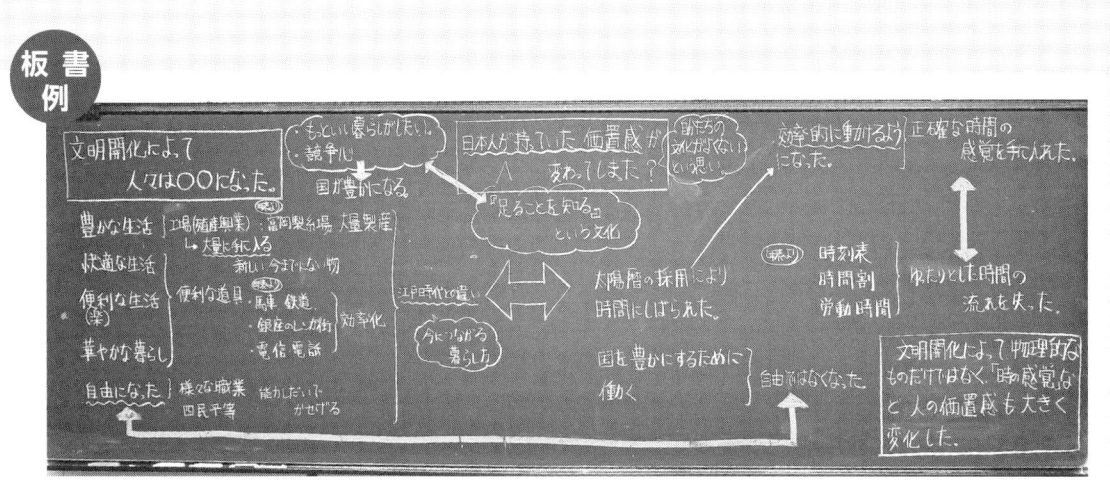

板書例

子供同士の思考のズレがどこにあるのか、板書を確認することで子供たち自身が読み取れるようにする。また、自分の考えの根拠がどこにあるのか、自作の年表をもとに発表させ、全体で確認していく。

第6学年・全8時間 | 137

STEP 04　本小単元における授業の４つのデザイン

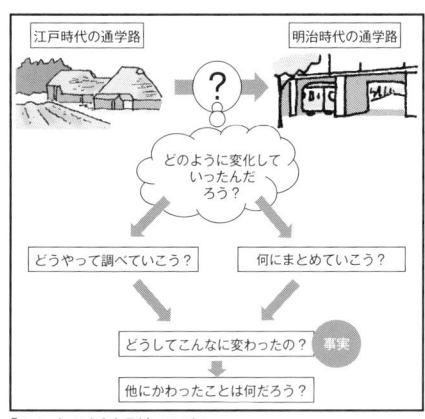

1　「問い」のデザイン

「トンネル派生型」モデル

①**写真を手がかりに予想を立てる**：古い写真によって江戸時代と明治時代、同じ場所でも大きな違いがあることや、街並みそのものが大きく変わっていることを明確につかむことができる。そこから「どのように変化していったのか」という問いを子供たちはもつ。

そして、その問いを解決するために、歴史的事実を確認していかなければならないことを認識する。加えて、自分たちで調べた内容を年表にまとめていけば、歴史的事実を整理しながら確認できることに気付く。

②**協働的に学べる場を設定する**：個の学びを共有していく機会を多くつくることにより、知識の補完を相互に行うとともに、それぞれの思考に触れるようになる。

③**調べ学習で思考を読み取る**：調べ学習の過程で、必ず感想を書くようにすることにより、子供たちがどの事象に食いついているかを読み取ることができる。その派生した思考を、全体に返すことによって、より深い学びへとつなげていくことができるようになる。

2　「教材化」のデザイン

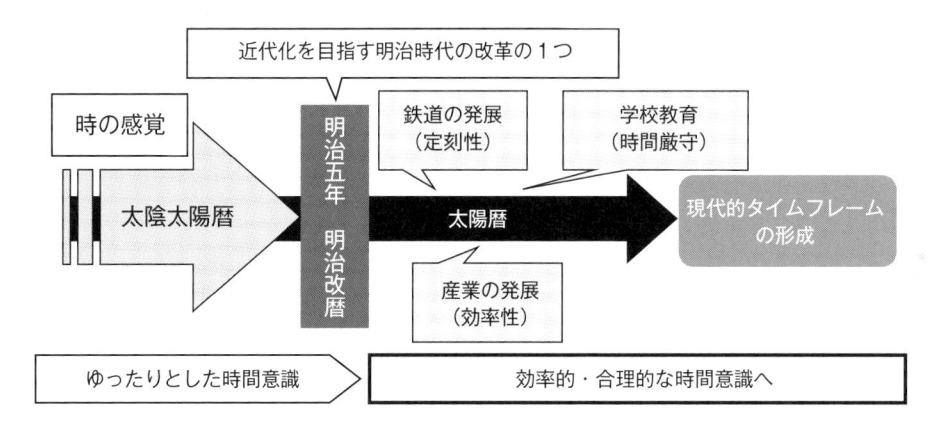

本単元では、江戸から明治に移る変化を追う際、「人々の時間意識」の変化に注目して学習を深めていくようにする。「時の感覚」は、産業の発展などにも大きな影響を与えた。また、現代の子供たちにも共通する認識なので、実感をともなった学習を行うことができる。

また、今まで当たり前だと思っていたものが、実はほんの100年ほど前に誕生したものであったという驚きも、子供が主体的に学びはじめることにつながる。

3 「協働的な学び」のデザイン

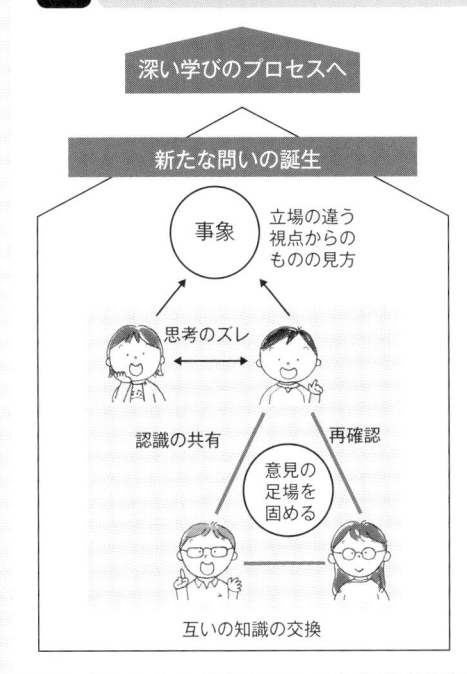

①個の学びの充実
協働的な学びを充実させるためには、個の学び（主体的な学び）を充実させることが重要である。そのために、ときに授業と授業の間の期間を長くとり「業間の時間」で調べ学習を行えるようにするなど、時間の保障をしていくことが大切になる。

②意見の再構築ができる場の設定
個の学びの中で形成された意見を、小グループで確認し共有することによって、その意見を再構築できる場を設定することが大切である。その過程の中で、「○○さんは、なぜこういう風に考えているんだろう」という新たな立場で事象を見ようとするようになる。

③思考のズレから新たな問いをつくる
思考のズレは事象を多面的に見ようとする姿勢を育てるとともに、「新たな問い」を生み出す。それが深い学びへとつながっていく。

4 「学習評価」のデザイン

評価規準	自分で調べつくり上げた年表を活用し、歴史的事実と暮らしの変化について関連付けて考え、説明している。（思考・判断・表現）		
	A	B	C
評価基準	資料を根拠とし、事象と事実を関連付けて説明する。また、自分の予想を確認するために適切な事実を資料の中に位置付けることができる。	事象について、事実をもとに説明する。また、自分の予想を確認するための事実を探すことができる。	事象について、自分の予想に基づいて説明する。また、調べた事実を資料の中に書き込むことができる。
子供の姿	太陽暦の採用が、人々の時の感覚を変えたんだ。確認すると、時刻表もこのころにできているし、学校には時間割もできている。工場での労働時間も、人の感覚ではなく、時間によって決められたんだ。	太陽暦の採用が、人々の時の感覚を変えたらしい。でも、急速な変化に困った人もいたらしいよ。時計も、このころに広まり始めたのかな。	太陽暦に変わって、人々の生活も変わったんじゃないかな。ほかにも、様々な暮らしの変化があったみたいだ。

■Aの子供の姿
「時の感覚の変化」と産業の発展、学校教育、時刻表の普及などを関連付けて説明できる姿をAとした。

■Bの子供の姿
「時の感覚の変化」と当時の生活の様子を、事実をもとにつかめる姿をBとした。

■Cの子供の姿
太陽暦の採用が、人々の暮らしにどのように変化を与えたのか具体的につかめない姿をCとした。

≪指導と支援≫
ＡＬツールには、必ず自分の考えの根拠となる箇所に赤丸で印を付けるように指導した。根拠となる箇所がつかめない子供に対しては、教師が一緒に根拠になりそうなポイントを探した。

第6学年 全9時間

[本小単元の目標] 我が国の政治の働きについて、国民生活には地方公共団体や国の政治の働きが反映していることを調査したり資料を活用したりして調べ、国民主権と関連付けて政治は国民生活の安定と向上を図るために大切な働きをしていることを考えるようにする。

【小単元】
私たちのくらしと政治

●本小単元で付けたい力や育てたい態度

- ○ 地域の人々の願い、計画から実施までの期間や過程、規模や予算などを調べて、地域の開発の様子を関係図にまとめる力
- ○ 国民生活の安定と向上を図る政治の働きについて、様々な人々の立場から考え、具体的な事実を根拠にして説明する力
- ○ 政治の働きを自ら調べ知ろうとする態度

資質・能力の育成イメージ

将来　よりよい社会を築いていくために、社会の諸課題に着目し、主権者として政治に関わろうとする態度

主な資質・能力

中学校
- 社会的事象を多面的・多角的に考察する能力や態度
- 諸課題について、対立と合意、効率と公正などの見方や考え方を関連付けて考え、判断する能力や態度

高学年
- 見学・取材や基礎的な資料から、政治の仕組みや働きに関する情報を集め、読み取り、まとめる技能
- 社会的事象の意味を様々な立場から考え、論理的に説明する力
- 我が国や地方公共団体の政治の働きへの関心

中学年
- 身のまわりのことを観察し、そこから社会を支える働きに関わる課題を見付け、予想を立て、友達と協力して調べたり考えたりしようとする態度

低学年（生活科等）
- 身近な地域の様々な場所に関心を高め、それらと人々の関わりに気付く。

社会の仕組みや働き（政治）についての理解

社会科で育っていく子供たちの資質・能力

言語活動例

課題に沿って資料を収集し、それらを比較・吟味して考察した結果や過程を説明したり議論したりする。

観点に基づいて、必要な資料を収集し、複数の資料を比較し関連付け、総合しながら考え、問題解決に向けて話し合う。

探検を通して自分がメモした情報を活用し、場所によって地域の様子が異なる理由を話し合う。

ひと・もの・ことなどについての気付きを友達と伝え合う。

STEP 01 子供の思考をアクティブにする仕掛け

「駅・駅前広場改修について、まちの人はどのような願いがあるのか調査する」ことを通して、子供が根拠を明確にして情報の重要度を分類できるようにしたい！

→ そこで…

「ピラミッド・ランキング」を活用して、集めた複数の情報について、自分なりの根拠をもって、重要度ごとに分類する。

●ALツール ピラミッド・ランキング 第2時

問「まちの人の願いはどれが重要なのだろう」

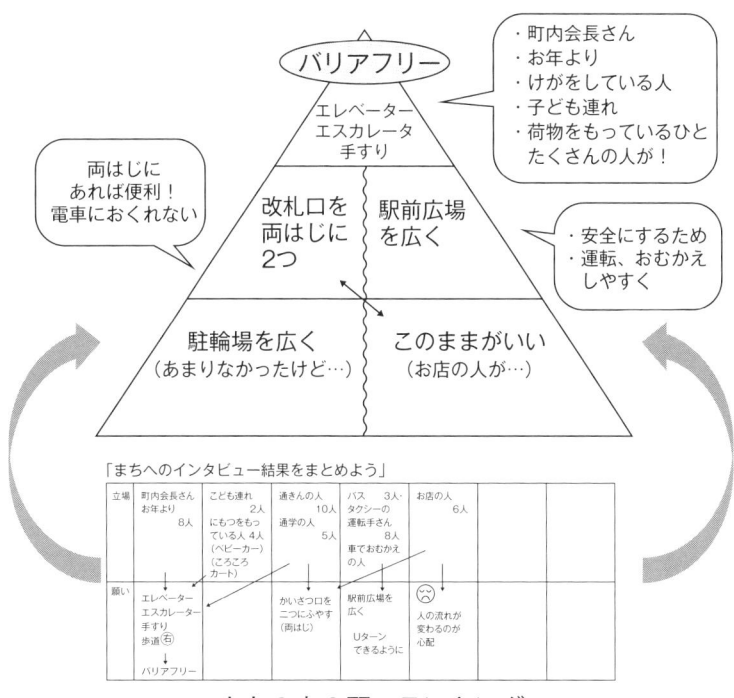

ピラミッド図：
- 頂点：バリアフリー（エレベーター／エスカレータ／手すり）
  - ・町内会長さん
  - ・お年より
  - ・けがをしている人
  - ・子ども連れ
  - ・荷物をもっているひと
  - たくさんの人が！
- 2段目：改札口を両はじに2つ／駅前広場を広く
  - 両はじにあれば便利！電車におくれない
  - ・安全にするため
  - ・運転、おむかえしやすく
- 3段目：駐輪場を広く（あまりなかったけど…）／このままがいい（お店の人が…）

「まちへのインタビュー結果をまとめよう」

立場	町内会長さん お年より 8人	こども連れ 2人 にもつをもっている人 4人（ベビーカー）（ころころカート）	通きんの人 10人 通学の人 5人	バス 3人 タクシーの運転手さん 8人 車でおむかえの人	お店の人 6人		
願い	エレベーター エスカレーター 手すり 歩道㊥ バリアフリー		かいさつ口を二つにふやす（両はじ）	駅前広場を広く Uターンできるように	☹人の流れが変わるのが心配		

まちの人の願いランキング

[特徴]

①インタビュー等で集めた複数の情報や調べて考えた内容を視覚的にわかりやすく整理するために活用する。ピラミッド型に表すことで、情報の重要度や調べて考えた内容から主張点を明確にすることができる（今回は、複数の情報から重要度をランキング形式で表す）。

②集めた複数情報を下段に書き出す（今回は、インタビューカード）。

③一番重要だと判断した内容を一番上、二番目に重要だとする内容を二段目に書き込む。次いで、三段目…と書き込んでいく。

④ピラミッド・ランキングに表現することで、友達との差異が明らかになり、社会的事象の意味や因果関係を深める対話が活性化し、協働的な学びが期待できる。

STEP 02 本小単元の全体イメージ

●評価規準

社会的事象への関心・意欲・態度	①人々の願いとそれを実現しようとする政治の働きに関心をもち、意欲的に調べている。 ②政治が自分たちの暮らしにつながっており、国民生活の安定と向上に役立っていることを考えようとしている。
社会的な思考・判断・表現	①国民生活の安定と向上を図る政治の働きについて、学習問題や予想、学習計画を考え表現している。 ②地域の様子を利便性や福祉・安全という視点から関連付けて考え、その願いを実現しようとする政治の働きについて考え、わかりやすく説明している。

単元の展開

①問題をつかむ

駅や駅前広場は、どんな風に新しく変わるのかな？

単元の展開

学習計画を立てよう

第1時 地域の開発について、学習問題をつかみ、学習計画を立てる。

・駅・駅前広場改修について、自分たちの願いを話し合い、それを図にまとめる活動を通して、地域の開発に関心をもち、学習問題を設定する。

[学習問題] 駅や駅前広場は、どのように新しく変わるのかを調べよう

言語活動の展開

こんな風に変わるといい

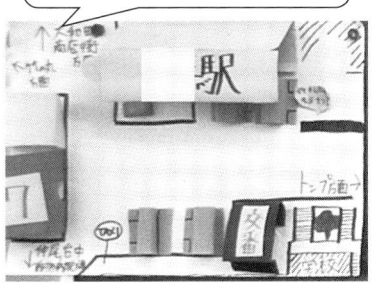

日ごろ利用している駅・駅前広場についてよい点や課題を出し合い、自分たちの願いを予想図にまとめる

②調べる

まちの人の願いをインタビューして調べよう

●調べてわかったことをまとめよう

第2時 まちの人に、地域の開発についての願いや期待する施設や設備について聞き取り調査をする。

・聞き取り前に予想を立てる。
・どのような立場の人が、どのような願いをもっているのか、聞き取ったことを記録していく。

駅前広場に出て、自分たちの願いを伝え、まちの人はどのような願いがあるのか、二人一組で聞き取り調査をする。

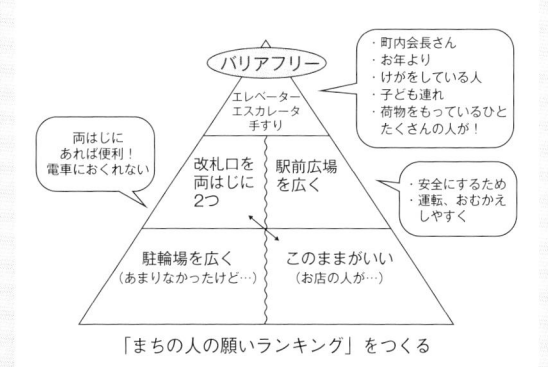

「まちの人の願いランキング」をつくる

142 | 私たちのくらしと政治

観察・資料活用の技能	①観点に基づいて、見学や聞き取りをしたり資料を観察したりして、政治の働きについて、必要な情報を集め、読み取っている。 ②観点に基づいて、必要な情報を集め、それを表などにまとめている。
社会的事象についての知識・理解	①国民生活の安定と向上には、地方公共団体や国の政治が反映していることを理解している。 ②税金は、国民が健康で文化的な生活を送るために様々な場面で使われていることを理解している。 ③選挙や国会、内閣、裁判所の大まかな仕組みや働きを理解している。

③考え・学び合う

工事計画は、誰がどうやって立てたのかな？

●調べて考えたことをもとに話し合おう

第3～4時 聞き取り調査結果と完成模型図を比較し、気付いたことを話し合う。　**本時**

・調査結果と完成模型図を比較し、まちの人の願いと「ズレ」があることに気付き、新たな問い「改修工事計画は、誰がどうやって立てたのだろう」を設定する。
・問いに対して、根拠を明確にして自分なりの予想を立てる。
・改修工事計画の経緯等を記した年表をもとに、問いの解決に向けて話し合う。

第5時 改修工事と税金の関係から、税金の使い方と議会の役割について調べる。

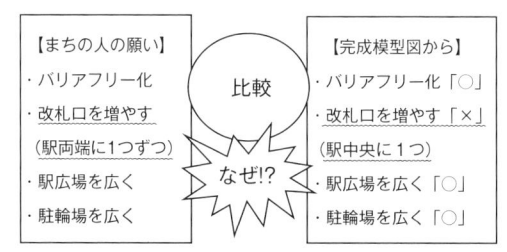

【まちの人の願い】
・バリアフリー化
・改札口を増やす（駅両端に1つずつ）
・駅広場を広く
・駐輪場を広く

比較　なぜ!?

【完成模型図から】
・バリアフリー化「○」
・改札口を増やす「×」（駅中央に1つ）
・駅広場を広く「○」
・駐輪場を広く「○」

「まちの人の願い」と「完成模型図」を比較して学び合う

④まとめ・生かす

市民の願いと政治とのつながりを関係図にまとめよう

●これまで学んだことを関係図に表そう

第6時 改修計画を基に、地域の人々の願いと政治の関係について、関係図にまとめる。

改修工事計画に関係する「バリアフリー法」について調べることを契機に、国会や内閣、裁判所の働きへと学習を展開する。

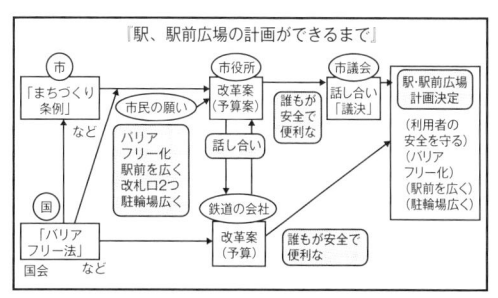

『駅、駅前広場の計画ができるまで』を関係図にまとめる

STEP 03　本時のアクティブ・ラーニング・モデル

展開1　問いを共有する

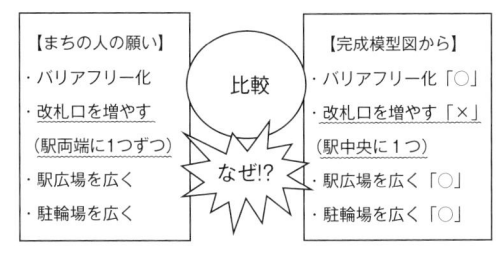

【まちの人の願い】
・バリアフリー化
・改札口を増やす
（駅両端に1つずつ）
・駅広場を広く
・駐輪場を広く

比較　なぜ!?

【完成模型図から】
・バリアフリー化「○」
・改札口を増やす「×」
（駅中央に1つ）
・駅広場を広く「○」
・駐輪場を広く「○」

調査結果と完成模型図の比較から見いだした問いを共有する

● **実際の授業**（教師Tと子供たちC）

T　調査結果と模型図を比べてみてください。
（資料提示）完成模型図
C　エレベーターとエスカレータがきちんとついて、バリアフリーになっている。
C　駅前広場が今までより広くなっている。
C　あれ！？改札口が両端に2つじゃないよ。真ん中に1つだけだよ。どうして？
T　これまで調べてきたことと違う部分があるね。
　　みんなで考えていきたい問題はありますか。
C　誰がどうやってこの計画を立てたのか。

展開2　資料を基に調べ、考えをまとめる

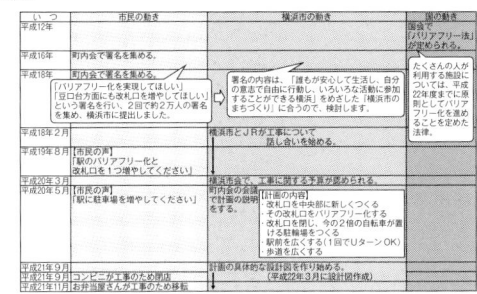

時系列にまとめた資料を活用する

　これまで調べてきたことと計画ができるまでの年表、完成模型図を総合しながら、個人で考えをまとめる。

● **各自が調べてきた主な内容**

・駅長に聞き取り調査
・駐輪場を実際に見学して調査
・路上駐輪の台数と場所を調査
・本単元の駅とほかの駅の乗降者数を調査
・駅・駅前広場を利用する人に聞き取り調査
・駅・駅前広場周辺の店舗に聞き取り調査
・駅前広場の利用について、バス、タクシー運転手に聞き取り調査

ALツール活用のポイント　〜主体的・協働的な学びを実現する内化と外化

● **2つの資料を比較する場面と時間を保障**

　子供自らがまちに出て、駅・駅前広場を利用している人々にインタビューし、その結果をまとめた「ピラミッド・ランキング」は、本単元において貴重な資料である。いわば"足で稼いだ事実"でもある。その資料と【完成模型図】を比較する場面と時間を保障することで、子供は、「自分たちの調査結果は、実際のところどうなっているのか」と関心をぐっと高めていく。
　比較して気付いたことを一つ一つ丁寧に共有化していくことで、明らかになったことと「なぜ？」という「問い」が生まれる。このとき、学級の実態に応じて、グループごとに気付いたことを話し合うなど学習形態を工夫することも想定される。

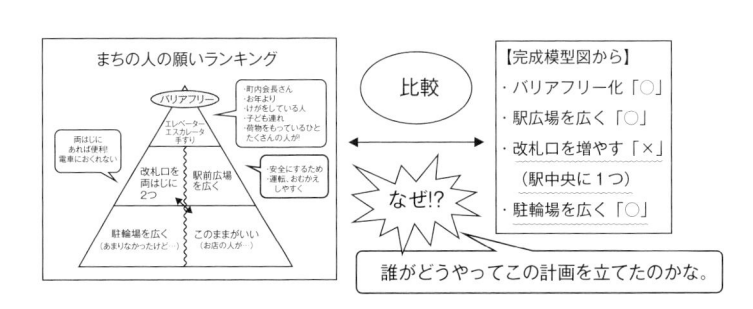

まちの人の願いランキング

【完成模型図から】
・バリアフリー化「○」
・駅広場を広く「○」
・改札口を増やす「×」
（駅中央に1つ）
・駐輪場を広く「○」

比較　なぜ!?

誰がどうやってこの計画を立てたのかな。

144　│　私たちのくらしと政治

第4時

展開3　全員で話し合う

黒板上でみんなの意見を整理する

個の考えを全体で交流する。子供から出された意見を項目ごとに分類・整理する。

子供同士の意見でズレが生じたときに、「AさんとBさんは、このような意見だけど、みんなは、どう思うかな」と一人一人の考えをつなぎ、集団で思考する働きかけをする。

A児：「改札口を2つ」という多くの人の願いを先に実現するべきだと思う。

B児：駐輪場を新しく申し込んでも3年待つ。困っている人がいる。新しい駐輪場は、今の倍に台数が増えるから、それをかなり解決できる。

展開4　本時を振り返り、次時を見通す

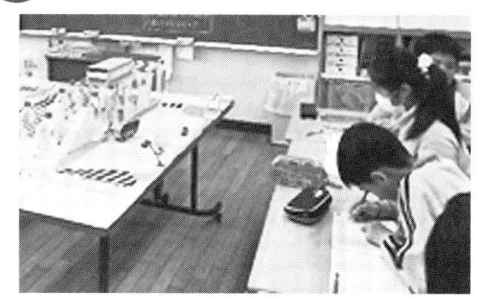

本時の学習を振り返る

● 実際の授業（教師Tと子供たちC）

T　今日、わかったことは何でしょうか。

C　市や鉄道会社は、市民の願いをもとにして、いろいろな立場の人を考えて計画していた。

C　使いやすさだけでなく、安全や福祉のことも考えて計画していた。

C　市が使える税金も限られてると思う。

最後に、次時の問い「税金の使い方は、どのように決めているのか」を確認し、子供が次時の見通しをもつことができるようにする。

板書例

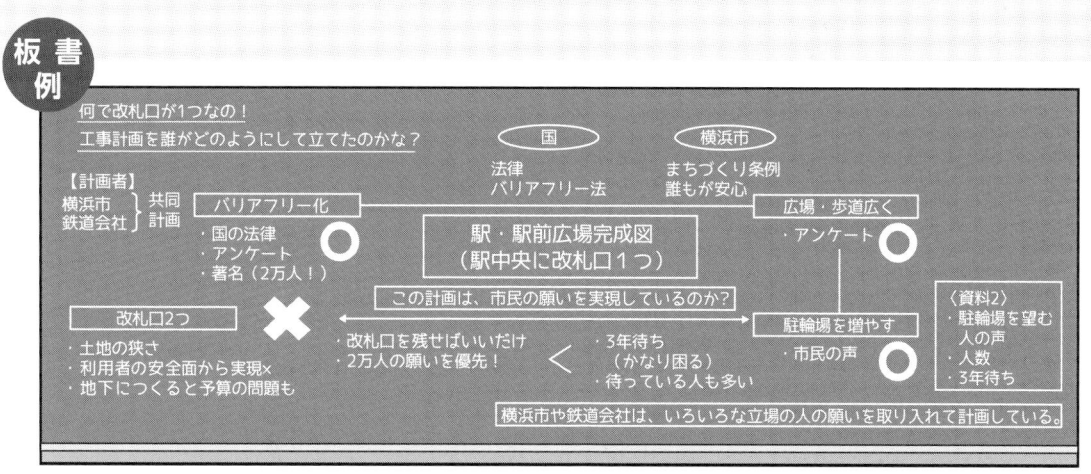

```
何で改札口が1つなの！
工事計画を誰がどのようにして立てたのかな？          国      横浜市
                                              法律    まちづくり条例
【計画者】                                   バリアフリー法  誰もが安心
横浜市  共同  バリアフリー化                                         広場・歩道広く
鉄道会社 計画  ・国の法律            駅・駅前広場完成図                ・アンケート  ○
              ・アンケート          （駅中央に改札口1つ）
              ・著名（2万人！） ○                                  〈資料2〉
                           この計画は、市民の願いを実現しているのか？   駐輪場を増やす  ・駐輪場を望む
         改札口2つ      ✕  ←──────────────→  ・市民の声        人の声
       ・土地の狭さ        ・改札口を残せばいいだけ ・3年待ち                     ・人数
       ・利用者の安全面から実現✕ ・2万人の願いを優先！ ＜（かなり困る）                ・3年待ち
       ・地下につくると予算の問題も              待っている人も多い
                                        横浜市や鉄道会社は、いろいろな立場の人の願いを取り入れて計画している。
```

次頁の「トンネル型」モデルを活用して、問い（「工事計画を誰がどのように立てたのか」）を引き出す。そこから、子供の意見を基に、まちの人の願いが実現している内容『○』、実現していない内容『×』を付け、「まちの人の願いを実現しているのかどうか」という問いに焦点化していく。

第6学年・全9時間 | 145

STEP 04　本小単元における授業の４つのデザイン

1　「問い」のデザイン～トンネル型から活用

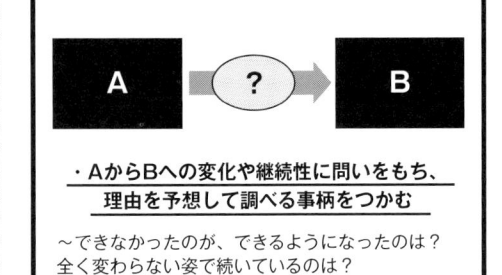

```
    A  →  ?  →  B
```
・AからBへの変化や継続性に問いをもち、
　理由を予想して調べる事柄をつかむ

～できなかったのが、できるようになったのは？
全く変わらない姿で続いているのは？
～年頃には○○が活躍していたのに、～年頃には？

「トンネル型」モデル

●『ずれ』が生じるような「問い」のデザイン

　子供自らの「問い」が生まれるような学習展開となるには、まずは、子供が社会的事象を他人事ではなく自分との関わりの中で具体的にとらえていく。
　そのためには、事実をじっくり見つめ、「えっ？」「おやっ？」「あれっ？」と自分の心が揺り動かされてもつ発見、驚き、矛盾等の思いが、子供の中に生じることが大切と考える。この思いが、自らの「問い」になってこそ、「どうして○○なのだろう？」「どうなっているのだろう？」「もっと知りたい」という知的好奇心につながっていくのではないだろうか。
　そこで、今回は、「トンネル型」モデルを活用して、社会的事象と子供の見方や考え方との間に「ズレ」が生じるような「問い」のデザインで構想した。
　本小単元では、子供が実際に聞き取りをした調査結果と完成模型図に「ズレ」があり、子供が、「どうして、このような計画になったのかな」という「問い」をもつに至った。そこから、「誰が、どのようにして、この計画を立てたのか」資料を基に調べ、考えていく活動へとつながった。

2　「教材化」のデザイン

駅・駅前広場がどんな風にかわってほしいのかな
○地方公共団体のはたらき
　「駅・駅前広場改修拡幅事業」が国民生活の安定と向上を図ろうとする市や国の政治の働きによるものであることがわかる。

【調査活動】と【完成模型図】との比較

【まちの人の願い】	比較	【完成模型図から】
・バリアフリー化	なぜ!?	・バリアフリー化「○」
・駅広場を広く		・駅広場を広く「○」
・改札口を増やす		・改札口を増やす「×」
（駅両端に1つずつ）		（駅中央に1つ）
		・駐輪場を広く「○」

誰がどのように計画しただろう
(資)「駅・駅前広場改修拡幅事業」に関する年表
・市と鉄道会社が話し合って計画したんだ。
・市は「福祉のまちづくり条例」をつくり、バリアフリーのまちづくりを進めてきた。また、町内会でお願いをするなど、まちの人の願いがあったことがわかった。
・この計画が「バリアフリー法」という法律と関係していて、国会にもつながっていることがわかった。
○国の政治のはたらき
　国会の働きと関連付けて内閣や裁判所の働きや三権相互の関連がわかる。

バリアフリー法をつくった国会について調べてみよう
（その後）→内閣、裁判所の働きを調べる。
→それぞれどのような関係があるのか調べてまとめる。

　まずは、政治が自分たちの暮らしにつながっていることを子供が意識できるような学習を展開したいと考えた。そこで、子供が日頃利用することの多い駅・駅前広場改修を本単元で扱うことにした。行政と鉄道会社が中心となり、バリアフリー化、駅前広場拡幅、歩行空間の確保、駐輪場の増設が行われる改修である。
　事前の実態調査から、子供は改修について改札口が２カ所に増えると漠然ととらえていた。しかし、計画では改札口は一つのままで移設された形となっている。このことに子供は、「えっ何で!?　２つの方が便利なのに」と矛盾を感じ、追究していくものと考えた。
　この学習を通して、市は様々な立場の人が利用することを想定して駅・駅前広場の改修を計画していること、住民の願いを考えながら生活の安定と向上を図ろうとする政治の働きを子供がとらえることができると考えた。

146 ｜ 私たちのくらしと政治

3 「協働的な学び」のデザイン

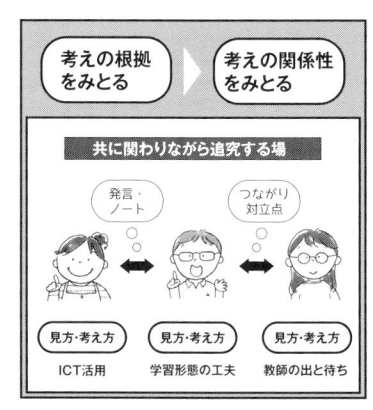

●一人一人の考えをつなぎ、集団で思考する教師の働きかけ

教師は、子供の見方や考え方を発言やノート等で振り返り、そのつながりや対立点など個々の関係性をとらえ、それを記録しておく。子供の実態をもとに、具体的な授業計画を立てるわけである。

授業では、この計画をもとに、教師の出と待ちや学習形態の工夫、ＩＣＴの活用などを進めていく。

本小単元においては、駅・駅前広場改修について、自分なりに調べてきた資料を基に、考えを述べ、友達からそれに対する意見を求めていた。その際、ＩＣＴを活用することにより、その資料をクラスみんなで共有し、その資料を基に、話し合う姿が見られた。

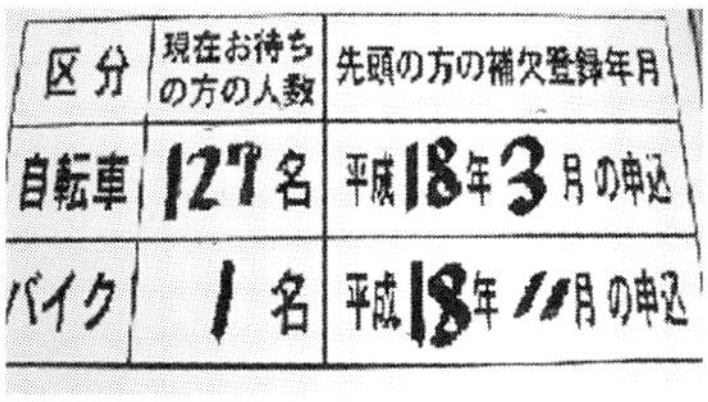

区分	現在お待ちの方の人数	先頭の方の補欠登録年月
自転車	127名	平成18年3月の申込
バイク	1名	平成18年11月の申込

C　この資料を見てください。駐輪場を新しく申し込んでも3年待つことになり、困っている人がいます。新しい駐輪場は、今の倍に台数が増えるから、困っている人が減ると思うんですけど。
C　駐輪場を広くしてほしいと願っている人も、確かにいるんだね。

4 「学習評価」のデザイン

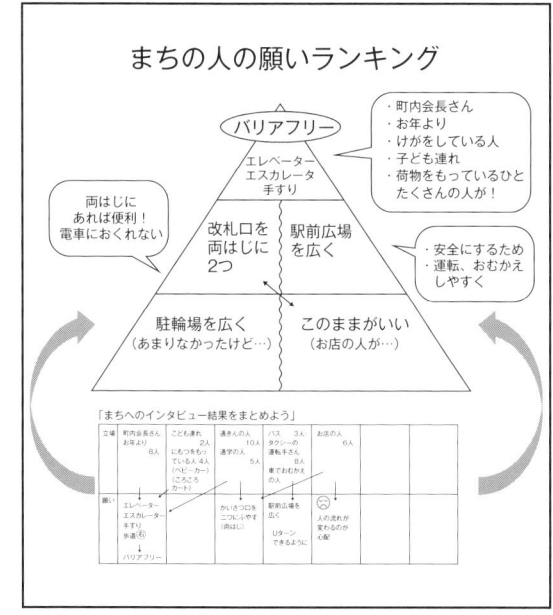

●ＡＬツールは、子供の思考が可視化した評価資料

子供がまとめた「ピラミッド・ランキング」は、貴重な評価資料ともなる。

本小単元では、地域の開発についての願いや期待する施設や設備について、子供が、まちの人に聞き取り調査をした。その調査結果について、どのような立場の人が、どのような願いをもっているのか、まとめていく際に、ピラミッド・ランキングで表すようにした。

ここでの評価の観点は、「観察・資料活用の技能」として設定し、具体の評価として「どのような立場の人が、どのような願いがあるのか、という観点に基づいて、必要な情報を集め、それをピラミッド・ランキングに表している」とした。

このランキング表は、「おおむね満足」として評価した作品例

第6学年 全7時間

[本小単元の目標] 我が国の国際交流や国際協力の様子、及び平和な国際社会の実現に努力している国際連合の働きについて具体的事例を通して調べ、我が国が果たしている役割を理解し、これからの日本の役割について考えるようにする。

【小単元】
世界の人々と共に生きる

●本小単元で付けたい力や育てたい態度

○ 我が国の国際交流や国際協力の様子について、聞き取り調査や地図、地球儀、各種資料を活用して調べ、白地図にまとめたり図解化で表現したりする力

○ 平和な国際社会の実現に向けて、これから我が国が果たすべき役割について、自分の生き方とつなげながら考えようとする態度

資質・能力の育成イメージ

将来 国際社会の一員としての自覚をもち、持続可能な世界平和に協働的に参画しようとする態度

主な資質・能力 / **言語活動例**

中学校
・身に付けた概念を現実の社会的事象と関連付けて考える力
・持続可能な社会づくりの観点から、社会的事象の課題を多面的・多角的に考察する能力や態度

解決すべき現代の課題について問題を発見し、探求して自分の考えをもち、よりよい社会を築いていくために議論をする。

高学年
・社会的事象の特色や意味を様々な立場から考える力
・世界の国々との関わりへの関心を高め、我が国の世界平和に果たす役割について広い視野から協働的に考えようとする態度

自他の考えの共通点や相違点を比べながら話し合い、社会的事象の役割について自分の考えを深める。

中学年
・地域社会の一員として、よりよい生活環境や安全な生活に関心をもち、自分たちの生活と関連付けて考える力

よりよい生活環境や安全な生活のために従事する人々の工夫や努力について意見交換する。

低学年（生活科等）
・集団生活になじみ、集団での自分や友達の存在、自分自身の成長に気付く。

見付ける、比べる、たとえるなどの多様な学習活動により、気付きを言葉にして、友達と伝え合う。

（矢印中：社会の仕組みや働き（国際関係）についての理解／社会科で育っていく子供たちの資質・能力）

STEP 01 子供の思考をアクティブにする仕掛け

異なる立場の目に見える国際協力の活動から共通点を考え、目に見えない社会的事象の意味や役割について考えさせたい！

▼そこで...

ホワイトボード上の「Xチャート」を活用して、グループでそれぞれの活動の共通点を考え、日本の国際協力の意味や役割を考える。

●ALツール ベン図の要素を含んだXチャート

問「それぞれの活動にはどんな意味があるのだろう」　第6時

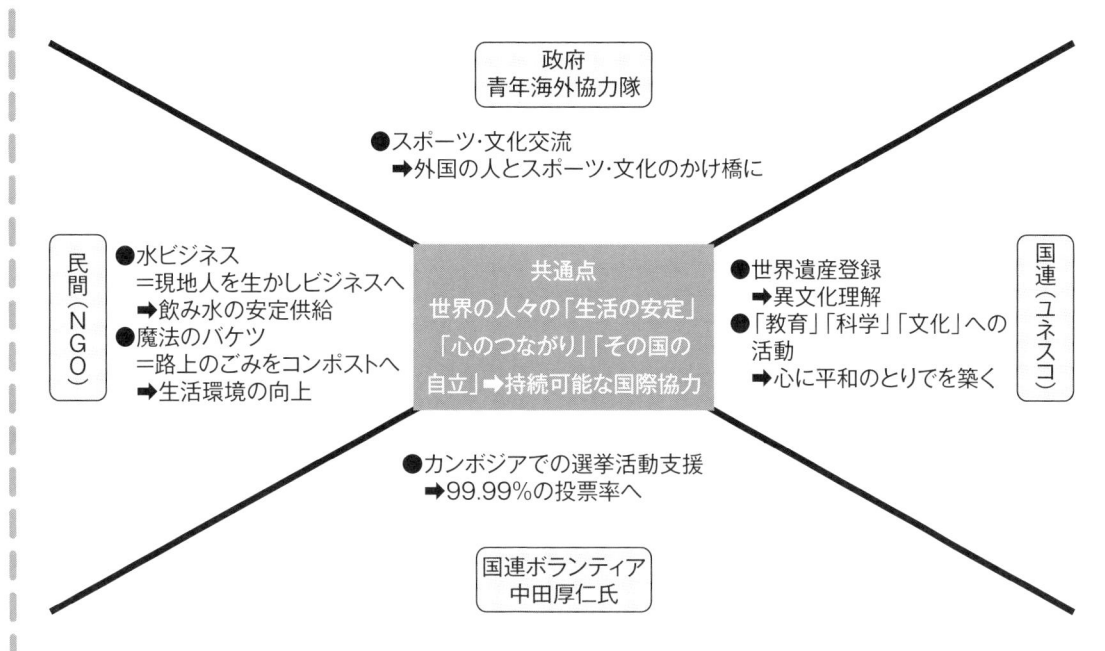

```
                    政府
                 青年海外協力隊

            ●スポーツ・文化交流
              ➡外国の人とスポーツ・文化のかけ橋に

  民     ●水ビジネス                            ●世界遺産登録          国
  間      ＝現地人を生かしビジネスへ      共通点        ➡異文化理解          連
 (N      ➡飲み水の安定供給         世界の人々の     ●「教育」「科学」「文化」への  (ユ
  G      ●魔法のバケツ          「生活の安定」      活動            ネ
  O)     ＝路上のごみをコンポストへ   「心のつながり」「その国の   ➡心に平和のとりでを築く  ス
         ➡生活環境の向上         自立」➡持続可能な国際協力                  コ)

            ●カンボジアでの選挙活動支援
              ➡99.99%の投票率へ

                 国連ボランティア
                  中田厚仁氏
```

［特徴］

① 「分類」の思考を促す「Xチャート」に、比較・関連付けして「共通点」を見いだす「ベン図」の要素を加えたシンキングツールを活用する。

② ホワイトボード上を4つの部分に区切り、それぞれ調べた国際協力の活動（民間・政府・国連）のポイントをグループで確かめながら簡潔にまとめる。

③ 個別的に調べた活動を1枚のボード上に分類・整理してまとめるため、比較・関連付けしやすくなる。また、ボードは具体物としてグループの中央に置くことで、協働的な活動を促せる。

④ 「Xチャート」の中央に四角い枠を設けることで、共通点を考える思考を促すことになる。

⑤ ホワイトボード上のXチャートを活用するALツールは、「目に見える社会的事象＝様子や仕組み」をもとにして、「目に見えない社会的事象＝特色や意味」を協働的に考えるのに効果的である。

STEP 02　本小単元の全体イメージ

● 評価規準

社会的事象への関心・意欲・態度	①我が国の国際交流や国際協力の様子に関心をもち、意欲的に調べている。 ②我が国が世界において重要な役割を果たすことの大切さやこれからの自分の生き方とつなげながら考えようとしている。
社会的な思考・判断・表現	①我が国の国際交流や国際協力の様子について、学習問題や予想、学習計画を考え表現している。 ②我が国の国際交流や国際協力の様子、国連の働きを、それぞれ関連付けて共通点を見いだし、世界平和に重要な役割を果たしていると考え、適切に表現している。

単元の展開

①問題をつかむ
現在、世界ではどのような問題が起こっているのだろう？

単元の展開

学習問題を設定し、学習計画を立てよう

第1〜2時 世界の紛争・貧困の現状を調べて白地図にまとめ、解決に向けて活躍する日本人について関心を高め、学習問題を設定する。

・世界の貧困や紛争地域を調べ、白地図にシールを貼る活動を行い、視覚的にその広がりをつかむ。
・カンボジアで活躍した中田厚仁氏の活動を調べ、世界に貢献する日本人がいることを知り、日本人の国際協力に関心をもち、学習問題を設定する。
・学習問題に対する予想から、学習計画を立てる。

[学習問題] 日本の人々は、世界のためにどのような活動をしているのだろう？

言語活動の展開

本実践の世界の白地図は、「国際協力カード」を貼ることで「国際協力マップ」（表現作品）になる。

②調べる
学習計画に沿って、日本の国際協力の活動を調べよう

●民間、政府、国連の活動を調べよう

第3〜5時 民間団体（NGO）、青年海外協力隊、ユネスコの活動について調べ、「国際協力カード」にまとめる。

・東南アジア諸国で水道やごみ処理などの生活改善に向けた日本人の活動を調べる。（※他事例でもよい）
・青年協力隊の国際交流の取組や国際連合のユネスコの働きを調べる。
・調べたことを「国際協力カード」にまとめる。

> 様々な取り組みを通し、平和を愛し、守る豊かな心を育てている。
>
> ユネスコは、教育、科学、文化、コミュニケーション、情報の5分野を通じて、平和の構築、貧困の削減、持続可能な開発、異文化間の対話に貢献している。中でも、世界遺産では富士山が最近登録されました。

調べた活動を「国際協力カード」に簡潔にまとめる。写真の横の枠には、活動の内容をキャッチコピーで表現する。

世界の人々と共に生きる

観察・資料活用の技能	①地図や地球儀、各種の資料を活用し、国際交流や国際協力の様子について必要な情報を集め、読み取っている。 ②我が国や多くの日本人が活躍している様子や平和な国際社会の実現に努力している国際連合の働きについて、読み取った情報を「国際協力マップ」にまとめている。
社会的事象についての知識・理解	①我が国の国際交流や国際協力の様子および平和な国際社会の実現に努力している国や政府などの機関の働きを理解している。 ②世界平和の大切さと我が国が世界において果たしている重要な役割を理解している。

③考え・学び合う

日本の国際協力はどのような役割を果たしているのだろう？

●日本の国際協力の意味を考え話し合おう

第6時 調べてきた日本の国際協力の共通点から意味や役割を考えて、意見交換する。 【本時】

・ユネスコの「教育」「科学」「文化」への活動にどのような意味があるのかを考える。
・民間、政府、国連それぞれの活動の共通点(意味)を見いだし、国際協力における日本の役割について考える。
※ここでは、その国の自立につながる「持続可能」な協力の在り方について気付かせ、考えさせたい。

第7時 調べて、考えたことを「国際協力マップ」にまとめて、学習問題を解決する。

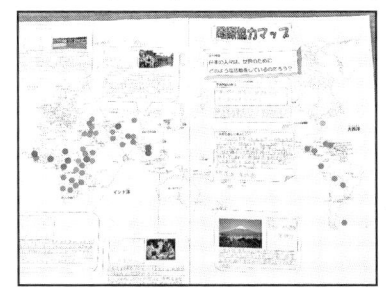

国際協力マップ

④まとめ・生かす

今後、日本はどのような役割を果たしていけばいいのだろう？

●今後の日本の国際協力での役割を考えよう

第8時 東日本大震災での世界各国からの支援や戦後復興までの国連からの支援を知り、日本の役割を考える。

・「日本が世界から支援してもらっていたことはないのだろうか？」と問い、立場を切りかえる。
・東日本大震災の際、諸外国・地域・国際機関からどれだけ救助が来たのかを示す地図を読み取る。
・日本がかつて戦争をしていた国や支援してきた国からも支援があることを知る。
・戦後、国連のユニセフを通して物資の支援や世界銀行からの資金提供があったことを調べる。
・今後、日本は国際社会でどのような役割を果たし、自分はどのように生きていくかを考え、意見交換する。

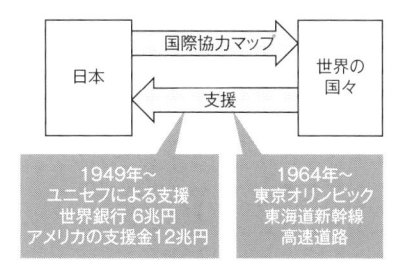

日本 ←国際協力マップ― 世界の国々
日本 ←支援― 世界の国々

1949年〜
ユニセフによる支援
世界銀行 6兆円
アメリカの支援金12兆円

1964年〜
東京オリンピック
東海道新幹線
高速道路

関係図にまとめる

STEP 03 本時のアクティブ・ラーニング・モデル

展開1 前時に調べた国連の活動の意味を考える

ユネスコの活動の意味について考える

前時に学んだ国連の機関「ユネスコ」の活動が、「どうして、世界平和につながるのか」を考える。

●実際の授業（教師Tと子供たちC）
- T ユネスコはどんな活動をしていましたか？
- C 世界遺産の登録や保護、教育面での活動です。
- T どうしてそれが世界平和につながるのかな？
- C 平和の教育をするのかな。
- C お互いの文化のよさの理解につながるのかな。
- C 前資料に「人の心の中に平和のとりでを築く」とあったから、心から平和にするんじゃないかな。

展開2 個人で諸活動の共通点を考える

「国際協力カード」をもとに共通点を考える

「国際協力カード」をもとに、諸活動の内容を見返しながら共通点を見いだすことで、日本の国際協力の意味が見えてくる。

ただ、個人で考えると「世界で活躍している」といった表面的な見方や諸活動の「個別的な理解」にとどまる子供も見られる。

そこで、下の"ＡＬツールの活用のポイント"のような教師の発問により、友達の意見も聞いてみたいという必要感や、話し合ってより納得のいく共通点を見付けたいという意欲を高める工夫をしたい。そのようにして、グループでの協働的な活動につなげていきたい。

ALツール活用のポイント ～主体的・協働的な学びを実現する内化と外化

本小単元では、「社会的事象の意味や役割を考える場面」、つまり「社会的な思考力・判断力・表現力」を育成する際に、ALツールを活用する。

その際、Xチャートにベン図の要素を加えた「シンキングツール」を「ホワイトボード」と併用して活用する。

活用の手順とポイントは次のとおりである。
①**個人で考えた「共通点」をノートに書く**：まずは、しっかりと自分の考えをもつことが話合いの前提になる。
②**教師の発問等で協働的に活動する必要性を高める**：「納得のいく共通点は考えられたかな？」「友達はどう考えたんだろうね？」「それは本当にすべての活動の共通点なのかな？」などと問い、友達の意見を知りたい、話し合いたいという意欲を高める。
③**グループで話し合って、国際協力の諸活動の共通点、意味を考える**：ホワイトボード上にXチャートを書き、真ん中の四角の枠に共通点を書き込む。ホワイトボードなので、手軽に修正しながら考えを練り上げていける。

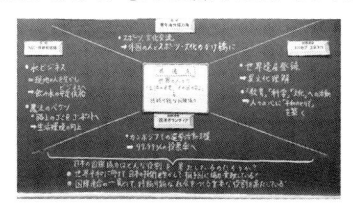

第6時

展開3 グループで共通点を練り上げる

ホワイトボード上のXチャートで共通点を練り上げる

各自で考えた共通点をもとに、ＡＬツールとして、ホワイトボード上のXチャートを活用してグループで意見を出し合い、練り上げる。

Xチャートは、分類・整理する際に効果的であるが、ここではベン図の重なりの部分のように中央を四角にあけておく。すると、分類された四つの共通点を考え、中央部分に書き込むという意識が視覚的にも明確になる。

ＡＬツールの活用とグループでの協働的な活動によって、目に見える事象から「人々の考えや生活を変え心も豊かにしている」といった、目に見えない事象にも気付き、考えの質が深まった。

展開4 全体で日本の国際協力の役割を考える

日本の役割についての意見を板書でつないでいく

●実際の授業（教師Ｔと子供たちＣ）

Ｔ　日本の国際協力の共通点から、日本はどんな役割を果たしているといえますか？
Ｃ　世界の平和に向けて、日本の技術を生かし、相手の国に合った協力・貢献をしているよ。
Ｃ　国際交流の活動や国際連合の一員として、人々とのつながりを深め、心を豊かにするという大切な役割を果たしているね。
Ｃ　将来にまでずっと続くような持続可能な協力をしているね。

次時では、導入に紛争地域にシールを貼った世界地図を「国際協力マップ」として作品に仕上げ、学習問題の解決を図る。

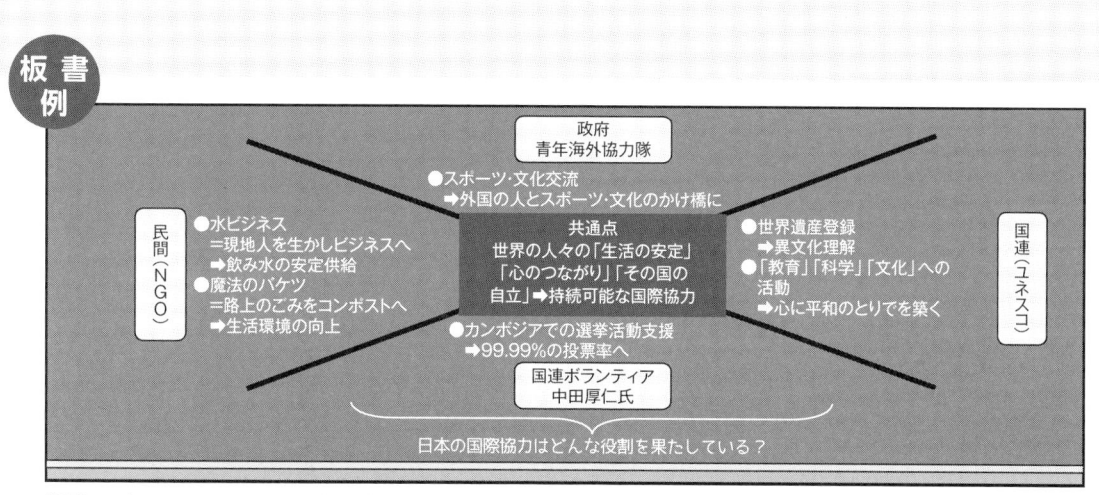

板書例

```
                    政府
                青年海外協力隊
              ●スポーツ・文化交流
              →外国の人とスポーツ・文化のかけ橋に
  民間        共通点                    国連
 （NGO）   世界の人々の「生活の安定」    （ユネスコ）
●水ビジネス  「心のつながり」「その国の   ●世界遺産登録
 ＝現地人を    自立」→持続可能な国際協力   →異文化理解
 生かしビジネスへ                       ●「教育」「科学」「文化」への
 →飲み水の安定供給                        活動
●魔法のバケツ                           →心に平和のとりでを築く
 ＝路上のごみをコンポストへ
 →生活環境の向上
              ●カンボジアでの選挙活動支援
              →99.99%の投票率へ
                  国連ボランティア
                    中田厚仁氏
        日本の国際協力はどんな役割を果たしている？
```

板書でも、Xチャートで諸活動の共通点（＝意味）を子供の言葉でまとめていく。また、その認識をもとに「日本の国際協力の役割」を全体で話し合い、その重要性に気付けるようにする。

STEP 04 本小単元における授業の４つのデザイン

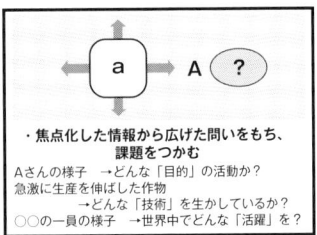

1 「問い」のデザイン

「ズームイン・ズームアップ型」モデル
・焦点化した情報から広げた問いをもち、課題をつかむ
Aさんの様子 →どんな「目的」の活動か？
急激に生産を伸ばした作物 →どんな「技術」を生かしているか？
○○の一員の様子 →世界中でどんな「活躍」を？

　本小単元の「問い」のスタイルは、焦点化した情報から広げた問いをもち、課題をつかむタイプである。
　現在、世界の多くの国や地域で、紛争や貧困などの問題に直面していることを地図資料などから読み取る。紛争、貧困で色を分けて世界地図（白地図）にシールを貼る作業を通して、諸問題の世界的な広がりが実感できる。
　その中でも、問題が解決した事例（本実践では、カンボジアでの選挙活動への協力と改善）があることを伝え、焦点化して調べる。すると、その解決の裏に日本人の活躍があったことが理解でき、白地図に貼ったシールの色を変えさせる。
　これまで調べた事実をもとに、疑問を出し合うと、次のような「問い」が生まれる。
・他の国に対しては、どんな活動をしているのかな？
・紛争以外の問題で、日本人が世界で活躍している事例はないのかな？
・問題解決に向けて取り組んでいる他の組織はないのかな？
　つまり、「世界全体の問題」（概要）から、焦点化した「問題解決の事例」（ズームイン）をつかませることで、「ほかには？」（ズームアップ）という広がりのある問題意識が生まれるのである。そこから、「日本の人々は世界のために、どのような活動をしているのだろう？」という学習問題が設定される。

2 「教材化」のデザイン

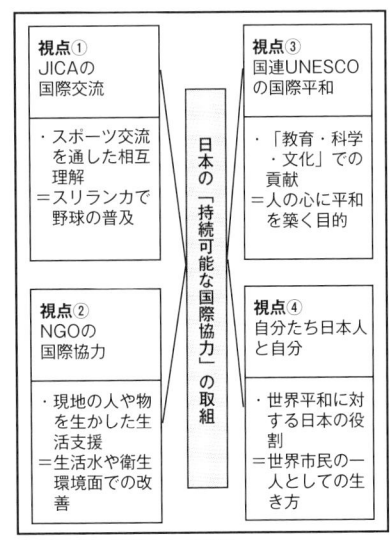

持続可能な国際協力の取組

視点①　JICAの国際交流
・スポーツ交流を通した相互理解
＝スリランカで野球の普及

視点②　NGOの国際協力
・現地の人や物を生かした生活支援
＝生活水や衛生環境面での改善

日本の「持続可能な国際協力」の取組

視点③　国連UNESCOの国際平和
・「教育・科学・文化」での貢献
＝人の心に平和を築く目的

視点④　自分たち日本人と自分
・世界平和に対する日本の役割
＝世界市民の一人としての生き方

　本小単元に関わる学習指導要領の規定では「世界平和の大切さと我が国が世界において重要な役割を果たしていることを考えるようにする」ことが学習内容の中心だと示されている。
　その内容を考えて理解するために「イ　我が国の国際交流や国際協力の様子及び平和な国際社会の実現に努力している国際連合の働き」を事実として調べる。
　ただ現在、世界ではスポーツ、文化、科学の面をはじめとして、驚くほど多くの日本人が活躍しているため、素材がたくさんある。これらを個別に取り上げて教材化するのではなく、すべてに共通する「日本の持続可能な国際協力の取組」という視点から教材化した。
　すると、立場（政府、民間、国連、自分）の違いから、左の図のように４つの教材化の視点が導き出された。

3 「協働的な学び」のデザイン

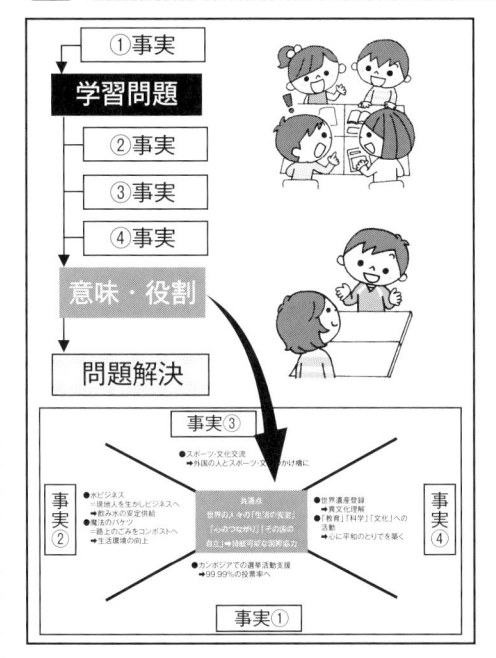

社会科にとって「協働的な学び」はとても重要である。社会科の教科目標であり、他者と協働的に話し合いながら、諸問題を解決しようとする態度や能力を身に付けた人間は、まさに社会科が目指す人間像である。

そこで、本小単元では、「社会的事象の意味や役割を考える場面」で協働的な学びをデザインした。

個人で諸活動の共通点を考えた後、グループでホワイトボードを活用し、Xチャートでより納得ができる共通点を話し合った。ここでは、「世界で活躍している」といった単純なものが、話合いによって「現地の問題が解決している」や「世界の平和につながっている」といった質の高い共通点に練りあがった。

最後に、それらの共通点から日本の国際協力の役割について学級全体で考える。そうすることで、物の支援だけでなく、「生活の安定」「心のつながり」「その国の自立」などにつながる「持続可能な国際協力」という重要な役割に気付くのである。

4 「学習評価」のデザイン

評価規準	我が国の国際交流や国際協力の様子、国連の働きを、関連付けて共通点を見いだし、世界平和に重要な役割を果たしていると考え、適切に表現している。（思考・判断・表現）		
	A	B	C
評価基準	我が国の国際交流や国際協力の様子、国連の働きを、関連付けて共通点を見いだし、**持続可能**な世界平和に**向けて**、重要な役割を果たしていると考え、記述している。	我が国の国際交流や国際協力の様子、国連の働きを、**関連付けて共通点を見いだし**、世界平和に重要な役割を果たしていると考え、記述している。	我が国の国際交流や国際協力の様子、国連の働きを関連付けて、共通点や世界平和への重要な役割に気付けず、**個別で理解**している。
子供の姿	日本では、様々な立場から、持続可能な国際協力をして、世界平和につながる大きな役割を果たしているんだ。	日本では、様々な立場から、外国の人々と心のつながりを築き、その国の自立を支え、世界平和につながる役割を果たしているんだ。	日本では、様々な立場の人たちが、世界で活躍しているんだ。

ここでは主に第6時の「社会的な思考力・判断力・表現力」の「学習評価」を取り上げてみていく。ポイントは、我が国の国際協力の諸活動から共通点を見いだし、世界平和に重要な役割を果たしていることが考えられたかどうか、という点である。

共通点としては、「生活の安定」「心のつながり」「その国の自立」などがキーワードとして挙げられる。このような意味の言葉が子供の表現に見られれば、「日本の国際協力の意味」がとらえられたといえる。

また、それが「世界の平和」にとって、とても大切な役割であると子供自身が価値判断できるように、全体の意見交換では、じっくりと日本の果たしている役割を話し合わせたい。このように、諸活動の意味から、日本の国際協力の役割まで考えられればB評価だといえる。

さらにそれが、現在だけでなく将来にもわたる「持続可能」な国際協力であることにまで気付き、考えられれば、A評価だといえる。それに対して、共通点として「世界で活躍している」といった表面的な理解であったり、諸活動の個別的な理解にとどまったりしている子供には、協働的な学びの成果であるALツールを見返して考えるように支援する。

澤井陽介

文部科学省初等中等教育局　教科調査官
国立教育政策研究所　教育課程調査官

昭和35年・東京生まれ。社会人のスタートは民間企業。その後、昭和59年から東京都で小学校教諭、平成12年から都立多摩教育研究所、八王子市教育委員会で指導主事、町田市教育委員会で統括指導主事、教育政策担当副参事を経て、平成21年4月から現職。平成25年度から、月刊『初等教育資料』（東洋館出版社）編集長。

《主な編著》単著『学級経営は「問い」が9割』東洋館出版社、2016年3月／『澤井陽介の社会科の授業デザイン』東洋館出版社、2015年3月／『小学校社会　授業改善の5つのフォーカス』図書文化社、2013年7月／共著『ステップ解説　社会科授業のつくり方』東洋館出版社、2014年1月／編著『教師の評価術　小学校社会編』東洋館出版社、2011年7月、ほか多数。

小学校 子供の思考をアクティブにする社会科の授業展開

2016（平成28）年3月31日　初版第1刷発行

編著者　澤井陽介
発行者　錦織圭之介
発行所　株式会社　東洋館出版社
　　　　〒113-0021　東京都文京区本駒込5-16-7
　　　　営業部　電話 03-3823-9206／FAX 03-3823-9208
　　　　編集部　電話 03-3823-9207／FAX 03-3823-9209
　　　　振替　00180-7-96823
　　　　URL　http://www.toyokan.co.jp
装　幀　中濱健治
印刷・製本　藤原印刷株式会社

ISBN978-4-491-03213-9　Printed in Japan

JCOPY ＜(社)出版者著作権管理機構　委託出版物＞
本書の無断複写は著作権法上での例外を除き禁じられています。複写される場合は、そのつど事前に、(社)出版者著作権管理機構（電話 03-3513-6969、FAX 03-3513-6979、e-mail:info@jcopy.or.jp）の許諾を得てください。